EXAMEN

DE LA

PHILOSOPHIE DE BACON

OU L'ON TRAITE

DIFFÉRENTES QUESTIONS DE PHILOSOPHIE RATIONNELLE

OUVRAGE POSTHUME

DU COMTE JOSEPH DE MAISTRE

Auteur des Soirées de Saint-Pétersbourg, etc.

SEPTIÈME ÉDITION.

TOME II.

J. B. PÉLAGAUD, IMPRIMEUR-LIBRAIRE

DE N. S. P. LE PAPE.

LYON, GRANDE RUE MERCIÈRE, Nº 48.

PARIS, RUE DE TOURNON, Nº 5.

1864.

EXAMEN

DE

LA PHILOSOPHIE

DE BACON.

Tout exemplaire non revêtu de ma signature est réputé contrefait.

J. B. Pélagaud

Lyon. — Imprimerie de J. B. Pélagaud.

EXAMEN

DE

LA PHILOSOPHIE

DE BACON.

CHAPITRE PREMIER.

DE DIEU ET DE L'INTELLIGENCE.

Bacon s'est déclaré lui-même *le pontife religieux des sens et l'interprète expérimenté de leurs oracles*, *auxquels il faut tout demander dans l'étude de la nature*, *à moins que par hasard on ne veuille décidément extravaguer* (1).

(1) *Quare existimamus nos sensûs* (*à quo omnia in natura*

D'autres, ajoute-t-il, *ont fait profession de défendre et de cultiver les sens ; lui seul s'en acquitte réellement* (1).

Si l'on prenait ces choses au pied de la lettre, il en résulterait que le *prêtre des sens* aurait dit ce qu'on appelle aujourd'hui dans sa langue un *truïsme*, c'est-à-dire une *vérité niaise énoncée avec prétention*. Quel homme, en effet, a jamais soutenu que des expériences de physique puissent se faire sans le secours des sens? Mais il ne faut pas être la dupe de ces tournures ambiguës si communes à Bacon : l'expression *dans l'étude de la nature*, ou l'expression latine encore plus vague *in naturalibus*, n'est là que pour la forme et pour se mettre à couvert dans un siècle plus pointilleux que le nôtre. Au fond cependant le véritable sens

libus petenda sunt, nisi fortè lubeat insanire) antistites religiosos et oraculorum ejus non imperitos interpretes nos præstitisse. (De Augm. Scient. in distrib. op. tom. VII. Opp., p. 38.)

(1) *Ut alii professione quâdam, nos reipsâ sensus tueri et colere videamur.* (Ibid.)

du passage est *qu'il n'y a de science réelle que la physique, et que tout le reste est illusion*. L'emphase seule du dernier texte le prouverait. Que signifie, en effet, ce magnifique éloge qu'il se donne à lui-même *d'être le premier homme qui ait réellement* défendu *et* cultivé *les sens?* Il ne veut pas dire sans doute qu'il vient enseigner aux hommes pour la première fois qu'on ne peut voir, entendre, etc., sans le secours des sens. Les paroles que je viens de citer, en apparence seulement fausses et énigmatiques, cachent bien quelque mystère. En général, toutes les fois que Bacon est obscur le sens est toujours mauvais, et clair pour celui qui a pris la peine d'étudier sa misérable philosophie : il suffit de chercher le sens ailleurs et de confronter les passages.

Le grand malheur de l'homme, suivant Bacon, celui qui a retardé infiniment les progrès de la véritable science, c'est que l'homme a perdu son temps dans les sciences morales, politiques ou civiles, qui le détournaient de la physique ; *et ce mal, qui est fort ancien, n'augmenta pas médiocrement par l'établissement du Christianisme, qui tourna les grands esprits vers la théologie* (1). Cependant il n'y a, à proprement parler, qu'une seule science : c'est la physique, qui doit être regardée comme la mère auguste de toutes les sciences (2) ; car tous les arts et en général toutes les connaissances humaines séparées de cette racine recevront peut-être un certain poli et une certaine forme qui les rendra utiles aux usages de l'homme ; mais jamais elles ne prendront un véritable accroissement (3).

Que si l'astronomie, l'optique, la musique, la plupart des arts mécaniques, la médecine même, et, ce qui pourra paraître étonnant, la

(1) *At manifestum est, postquam christiana fides recepta fuisset et adolevisset, longè maximam ingeniorum præstantissimorum partem ad theologiam se contulisse, etc.* (Nov. Org. I, n° 79. Opp. tom. VIII, p. 32.)

(2) *Hæc ipsa nihilominus* (philosophia naturalis) *pro magnâ scientiarum matre haberi debet.* (Ibid.)

(3) *Omnes artes et scientiæ, ab hâc stirpe revulsæ, poliuntur fortasse et in usum effinguntur ; sed nil admodum crescunt.* (Ibid., p. 32.) On ne comprend pas trop comment les arts et les sciences peuvent être *polis* et adaptés aux usages de l'homme sans avancer cependant. Autant vaudrait dire qu'ils se perfectionnent sans se perfectionner.

philosophie morale, la politique et la dialectique n'étaient, au temps de Bacon, que de vaines superficies privées de substances, c'est qu'on les avait imprudemment détachées de leur racine, la physique, qui pouvait seule les nourrir et les accroître en leur fournissant un aliment *tiré des sources et de la considération véritable des mouvements, des directions, des sons, de la contexture et de la forme des corps, des passions et des perceptions intellectuelles* (1).

(1) *A philosophiâ naturali..... aluntur..... ex fontibus et veris contemplationibus motuum, radiorum, sonorum, texturæ et schematismi corporum, affectuum et prehensionum intellectualium.* (Ibid., p. 34.)

J'ai tâché de rendre dans la traduction le vice et l'obscurité affectée du texte. Le passage entier conduisant naturellement au matérialisme, Bacon se cache prudemment derrière les mots *d'affections et de perceptions intellectuelles;* mais il arrange les mots de manière qu'en vertu d'une série de substantifs au même cas, on peut entendre également *la contemplation légitime* des passions *et des perceptions intellectuelles*, ou *la forme et la contexture des corps*, des passions *et des perceptions intellectuelles.* On verra d'autres preuves de cette syntaxe criminelle. Ici l'on voit, en mettant les choses au mieux, que *la morale, la politique, les passions*

Il faut donc, au jugement de Bacon, ramener à la physique toutes les sciences particulières, afin qu'elles ne soient pas *tronquées et découpées* (1). Sa règle embrasse tout, *et ses formules de découvertes s'étendent à la colère, à la honte, à la crainte, à la mémoire, au jugement, etc., aussi bien qu'au chaud et au froid, au sec et à l'humide* (2).

Et qu'on ne s'imagine point, comme il semble l'indiquer pour nous tromper, qu'il s'agit ici de simples règles de raisonnement applicables à toutes les sciences ; car, dans ce cas, il

et les perceptions intellectuelles sont des branches de la physique. Il faut encore remarquer l'accouplage bien médité des *passions et des perceptions*. Tout doit être observé dans le discours de Bacon : une virgule même tend au mal. Ce n'est pas la même chose, par exemple, de dire *affectuum et prehensionum intellectualium*, ou *affectuum*, *et*, *etc.*

(1) *Ut non fiat scissio et truncatio scientiarum.* (Nov. Org. Ibid, n° 107, p. 55.)

(2) *Tam enim historiam et tabulas inveniendi conficimus de irâ, metu, et verecundiâ, et similibus.... de motibus mentalibus memoriæ, etc., quam de calido, aut frigido, aut luce, etc.* (Ibid, n° 127, p. 70.)

ne dirait rien : on sait assez que la raison raisonne sur tout ; son intention est d'affirmer positivement que toute science réelle appartient à la physique, et que toute science qui lui est étrangère n'est qu'opinion et jeu de l'école.

C'est sur ce principe qu'il appelle la théologie une science *abrupte* (c'est un de ses termes favoris), c'est-à-dire une science détachée de toutes les autres, et qui ne tient point à la racine-mère ; une science, par conséquent, qui n'a rien de commun avec la raison, et qui repose tout entière sur l'autorité, en sorte qu'on peut l'abandonner au syllogisme.

Par la même raison la métaphysique perd, dans le système de Bacon, la place et les fonctions qu'elle avait occupées jusqu'à lui. Auparavant la métaphysique était la science des esprits, ou ce que nous appelons *théologie naturelle*. Bacon renvoie tous ces objets à la théologie positive.

La métaphysique de Bacon ne cherche rien hors de la nature, mais seulement ce qu'il y a de plus exquis dans la nature, c'est-à-dire les *formes* et les *fins* (1). Ainsi l'histoire naturelle rassemble les faits, la physique cherche les causes efficientes, et la métaphysique s'occupe des essences et des fins (2).

La métaphysique est donc le complément et le dernier résultat des sciences physiques.

L'interprète moderne de Bacon s'exprime sur ce point avec une clarté qui met ces principes dans le plus grand jour.

La recherche, dit-il, des *formes* ou *natures* (physiques) *est l'objet de la métaphysique* (3); d'où il suit que la métaphysique est postérieure à la physique, et même n'existe pas sans elle;

(1) *Certè ultra naturam nihil, sed ipsius naturæ pars multò præstantissima.* (De Augm. Scient. lib. III, cap. 4. Opp. tom. VII, p. 177.)

(2) *Physica in naturâ supponit.... tantùm motum et naturalem necessitatem; at metaphysica etiam mentem et ideam... Itaque absque obscuritate aut circuitione, physica est quæ inquirit de efficiente et materiâ; metaphysica, quæ de formâ et fine.* (Ibid., p. 177-178.)

(3) *Précis de la philosophie de Bacon*, tom. II, p. 65.

et c'est en effet ce qui est avoué en mille endroits des ouvrages de Bacon et du Précis de sa philosophie. Les anciens philosophes *voulaient être métaphysiciens avant d'être physiciens* (1). « Quel scandale ! la seule métaphy-
« sique raisonnable *ne s'occupe de rien hors*
« *de la nature;* mais elle cherche dans la na-
« ture ce qu'il y a de plus profond (2) et de
« plus général. Elle ne fait point d'abstrac-
« tions logiques, mais physiques, etc. (3). »

Mais comme les fins seules dans l'univers prouvent l'intelligence, et puisqu'il faut connaître les *faits* de l'histoire naturelle, les théorèmes de la physique, et même les *formes* ou les essences des choses avant de pouvoir s'élever aux *fins*, il s'ensuit que jusqu'à la consommation de ce grand travail préliminaire, il est impossible de voir aucune *intention*, ni par

(1) *Croyant ainsi pouvoir être métaphysiciens avant d'être physiciens*. (Précis de la Philos. de Bacon, tom. II, p. 95.)

(2) Il n'y a rien de *profond* dans la nature, qui est toute superficie ; ce qu'elle a de profond est *derrière elle*.

(3) *Précis de la Philosophie de Bacon*, tom. II, p. 110.

conséquent aucune intelligence dans l'univers; et c'est en effet la doctrine de Bacon.

Pour nous rendre ses idées sensibles par une image (seule manière dont il conçoive les choses), il nous représente la science ou la *philosophie naturelle* (car pour lui c'est la même chose) sous la forme d'une pyramide dont l'histoire naturelle est la base; l'étage qui suit la base est la physique, et celui qui touche le point vertical est la métaphysique (1). Quant à ce point même, c'est *l'œuvre que Dieu opère depuis le commencement jusqu'à la fin* (2), c'est la loi sommaire de la nature, et il ne sait pas trop si l'homme pourra jamais l'atteindre.

(1) *The basis is natural history; the stage next the basis is physic; the stage next the vertical point is metaphysic.* (Of the Advancement, etc. II. OEuvres, tom. I, p. 103.) — La base n'étant qu'une surface, et l'extrémité un point mathématique, on ne comprend pas trop comment Bacon distribue ces *trois étages*.

(2) *Opus quod operatur Deus à principio usque ad finem.* (Eccle. III, 11.) Règle générale : Toutes les fois que Bacon ébranle une vérité du premier ordre, il ne manque jamais de citer la Bible.

Malheureusement *ces trois étages* de la science ne sont, pour les hommes dépravés (1), que des montagnes qu'ils ont mises l'une sur l'autre, comme les géants, suivant la fable, *Ossa sur Pélion et sur Ossa l'Olympe*, pour escalader le ciel (2). On ne comprend pas d'abord ce que c'est que ce crime horrible : il faut donc le révéler pour le faire justement abhorrer. C'est le crime de ces hommes *dépravés* qui se permettent de voir un ordre et une intelligence dans l'univers, qui prennent des *effets* pour des *intentions* (3), qui croient avec le Prophète-Roi que la structure admirable de l'univers *est la voix de la nature qui se fait entendre aux yeux*, et avec saint Paul, *qu'il ne*

(1) To them that are DEPRAVED. (Ibid., p. 104.)

(2) *No better tham the Giants hills,* ter sunt conati, etc. Ibid., p. 104.)

(3) On ne peut assurer avec fondement que les *causes* auxquelles on attribue certains *effets* ont été établies *en vue* de ces *effets* tant qu'on n'est pas remonté *jusqu'aux causes générales*, *etc.* (Précis de la Philos. de Bacon, tom. I, p. 280.) Les préparatifs, comme on voit, ne sont pas minces!

peut y avoir d'excuse pour celui qui ne sait pas voir Dieu dans ses créatures (1).

Ainsi l'homme qui reconnaît une intelligence suprême dans l'ordre admirable de l'univers, Bacon l'appelle *un être dépravé*, et dans l'édition latine de son roman, où il se gêne moins, un *théomaque*, c'est-à-dire un révolté, un nouvel Encelade, qui entasse les causes finales pour s'élever jusqu'au trône éternel (2).

Pour donner le change et pour déguiser ce que cette doctrine a de révoltant, l'habile charlatan oppose à la prétendue audace du *finaliste* l'humble soumission du croyant qui s'en tient à la Bible, et s'écrie à l'aspect de l'univers: *Saint! saint! saint!* (3) comme s'il y avait opposition

(1) *Ita ut sint inexcusabiles.* (Rom. I, 20.)

(2) *Homines propriâ scientiâ inflatos et* THEOMACHOS. (De Augm. Scient. lib. III, cap. IV. Opp. tom. VII, p. 195.)

(3) *Apud eos verò qui seipsos exinanientes omnia ad Dei gloriam referunt, tanquam trinâ illâ acclamatione, Sancte, sancte, sancte.* (Ibid.)

L'art vil et perfide de ces citations ne peut être égalé que par le ridicule des idées.

entre ces deux hommes! comme si celui qui voit Dieu dans l'univers ne pouvait pas le reconnaître de même dans sa parole écrite! ou comme si le chrétien par nature excluait le physicien!

Bacon, au reste, n'est pas moins plaisant que coupable lorsqu'en paraphrasant son *trisagion*, que je viens de citer, il ajoute: *En effet, Dieu est saint dans la multiplicité de ses œuvres; il est saint dans l'ordre* qu'on y voit régner; il est saint par l'unité de l'ensemble (1). Il est impossible de se contredire plus grossièrement; car comment peut-il y avoir *ordre et unité dans la multiplicité* sans intelligence? Mais Bacon avait pris un parti décidé; il le suivait en parlant contre sa conscience, comme ses successeurs.

C'est à lui que commence cette philosophie antithéiste, cette *théomisie* (s'il faut aussi faire des mots) qui est le caractère distinctif

(1) *Sanctus enim Deus in multitudine operum suorum, sanctus in ordine eorum, sanctus in unione.* (Ibid., p. 195.)

du XVIIIe siècle. Il serait un peu dur de chasser Dieu de partout; mais c'est déjà quelque chose de l'enfermer strictement dans la Bible ; il ne reste qu'à brûler le livre.

Le principe capital de Bacon, c'est que Dieu ne pouvant être comparé à rien, si l'on parle sans figure, et rien ne pouvant être connu que par comparaison, Dieu est absolument inaccessible à la raison, et ne peut être par conséquent aperçu dans l'univers (1), en sorte que tout se réduit à la révélation. Il ajoute pieusement : « *Donnez à la foi ce qui appartient à* « *la foi.* »

Ailleurs il présente le même principe sous une forme nouvelle, en répétant *que le spectacle de la nature ne conduit point l'homme à la religion*. Celui qui n'aurait pas approfondi cette philosophie fallacieuse pourrait voir ici une

(1) *Nihil hìc nisi per rerum inter se similitudines addiscitur.... Deus autem sibi tantùm similis est absque tropo. Quare nullam ad ejus cognitionem hinc* (ex rebus naturalibus) *lucis sufficientiam exspecta. Da fidei quæ fidei sunt.* (Imp. Philos. de interpr. nat. Sent. XII. Opp. tom. IX, p. 302.)

expression dépourvue de sens, ou tout au plus ce que nous avons appelé plus haut un *truïsme;* car, la *religion* proprement dite étant quelque chose de positif, il est superflu jusqu'au ridicule de nous apprendre que le spectacle de la nature ne saurait nous révéler la Trinité ou l'Incarnation ; mais qu'on ne s'y trompe pas : *religion* est un terme adouci employé là pour *existence de Dieu*. Aussi l'interprète de Bacon, qui n'avait pas, comme son maître, certains ménagements à garder avec son siècle, ne balance point de nous dire sans équivoque :

C'est une idée absurde que celle de prétendre que les hommes aient trouvé par la raison l'existence d'un être DONT ILS NE PEUVENT SE FORMER AUCUNE IDÉE (1).

(1) *Précis de la Philos. de Bacon*, tom. 1, p. 182. Séparer Dieu de la raison humaine est un des plus grands buts de la philosophie moderne. Pascal ayant écrit : *Selon les lumières naturelles nous sommes incapables de connaître ce que Dieu est*, Voltaire et Condorcet ajoutèrent dans leur scandaleuse édition : NI S'IL EST. Ensuite Voltaire écrivit dans une note : *Il est étrange que Pascal ait cru qu'on pouvait deviner le péché originel par la raison, et qu'il dise qu'on ne peut connaître par la raison* SI DIEU EST. Et Condorcet ajoute

Cette épouvantable proposition, que tous les athées signeraient avec transport, appartient entièrement à Bacon. Dès que la raison humaine ne doit rien chercher *hors de la nature*, l'homme ne pouvant certainement comparer Dieu à aucun objet *naturel*, il s'ensuit réellement que nous ne pouvons avoir *aucune* idée de Dieu; et comme toutes les erreurs se tiennent, celle que j'expose ici s'accorde et s'amalgame, pour ainsi dire, parfaitement avec celle de l'origine sensible des idées. En effet, l'homme n'ayant, en vertu de cette extravagante théorie, aucune idée naturelle constitutive de son essence, on ne voit plus comment l'homme peut saisir par les sens l'idée de Dieu.

Soutenir qu'on n'a *aucune* idée de Dieu

dans une autre note : *Il est beau de voir M. de Voltaire prendre contre Pascal la défense de l'existence de Dieu.* — Combien de falsificateurs moins coupables ont marché au gibet !

M. Renouard, dans sa belle édition des *Pensées de Pascal* (Paris, 1803, tom. II, p. 298) nous dit *qu'il a cru la différence* assez importante *pour mériter une vérification complète.* — On ne dira pas qu'il exagère.

parce qu'on n'en a pas une idée *parfaite*, et que c'est absolument la même chose d'ignorer *ce qu'il est*, ou *s'il est*, ce n'est pas seulement un blasphème contre Dieu même, c'est encore un blasphème contre le bon sens. Il en résulterait que nous n'avons l'idée de rien, puisqu'il n'existe rien dont l'essence nous soit parfaitement connue; et certainement nous connaissons bien moins la matière que l'esprit.

Les philosophes qui, tels que Bacon et son interprète, en appellent uniquement à l'Ecriture sainte, en croyant dire quelque chose ne disent rien. Qu'est-ce que la révélation? C'est un enseignement divin. Et qu'est-ce que l'enseignement humain? C'est une révélation humaine. Un théorème mathématique démontré à celui qui l'ignorait est une *révélation*. Or, comment apprendre ce qu'on ne sait point encore sinon en vertu de ce qu'on sait déjà? Comment l'homme recevra-t-il une vérité nouvelle, s'il ne porte pas en lui une vérité intérieure, une règle innée sur laquelle il juge l'autre? Entre Moïse et Hésiode, qui nous force à choisir? L'un vaut l'autre, s'ils ne sont jugés d'après une règle intérieure qui déclare l'un historien et l'autre romancier. Dire que l'idée de Dieu perfectionnée, telle que nous l'avons aujourd'hui par sa grâce, est inaccessible au raisonnement humain, c'est dire, par exemple, que l'homme incapable de découvrir les propriétés de la cycloïde est également incapable de les comprendre. Les deux propositions sont également vraies et également fausses. Un homme ou tous les hommes (n'importe) ne parviendront jamais à telle ou telle vérité; je le suppose : mais si on la leur enseigne; ils la reconnaîtront et l'adopteront en vertu de ce même raisonnement, qui reprend tous ses droits et s'exerce sur cette vérité, qui lui appartient tout comme s'il l'avait découverte.

En général, rien ne peut *donner* une idée à un homme : elle peut seulement être *réveillée ;* car si l'homme (ou une intelligence quelconque) pouvait recevoir une idée qui ne lui est pas naturelle, il sortirait de sa classe, et ne serait plus ce qu'il est; on pourrait donner à l'animal l'idée du nombre ou celle de la moralité.

On croit vulgairement que les mots doivent désigner des choses; la plupart même des sophismes de Condillac sont fondés sur cette erreur ; mais rien n'est plus faux. Les mots ne doivent représenter que des idées ; ou , pour mieux dire, chaque mot n'est qu'une *idée parlée*. De savoir ensuite si telle ou telle idée représente une réalité, c'est une autre question ; mais tout nom est vrai, l'homme ne pouvant mentir sans affirmer ou nier. Le nom de Dieu est donc vrai comme toute énonciation simple (1), et s'il ne représentait pas une idée il n'existerait pas dans la langue. Comme on ne peut rien affirmer de ce qui n'existe pas, celui qui dit : *Je n'ai aucune idée de Dieu*, se contredit lui-même sans le savoir ; car c'est précisément comme s'il disait *qu'il a une idée dont il n'a point d'idée*. Il n'est pas rare d'entendre des hommes, tantôt simples et tantôt coupables, dire

(1) Aristote, en disant *que ces sortes d'énonciations ne sont ni vraies ni fausses* (οὐδὲν οὔτε ἀληθὲς, οὔτε ψευδές ἐστι. Arist. Cath. in Proleg., n° 9), Aristote, dis-je, n'a raison que dans un sens : il est bien vrai que ces énonciations simples ne contiennent ni affirmation ni négation ; mais il n'est pas moins vrai qu'elles représentent nécessairement des idées réelles.

que Dieu est trop grand pour que nous ne puissions nous en former une idée. Ils ont donc l'idée de l'existence, l'idée de la grandeur, l'idée de la supériorité, l'idée de l'intelligence, l'idée de la puissance, l'idée de la sagesse, même, s'ils y regardent de près, l'idée de l'infini, ou de l'indéfini, exclusive de celle de limite; et ils appellent cela *n'avoir point d'idée.* Déplorable délire! L'insensé même qui dit, *Dieu n'est pas*, affirme qu'il en a l'idée; car nul esprit ne peut nier une existence inconnue. Quelqu'un a-t-il jamais pu nier celle des satellites de Jupiter avant qu'ils fussent découverts? Il faudrait pour cela y penser. Toujours nous sommes ramenés à la contradiction. L'athée nie donc seulement que l'idée de Dieu, qui est dans son esprit, se rapporte à une réalité. Un bouffon sacrilége a mis ce fameux vers dans la bouche de Spinosa parlant à Dieu même: *Je crois bien, entre nous, que vous n'existez pas.* Otez l'insupportable plaisanterie, il restera la plus triste réalité. Dieu parle à tous les hommes par l'idée de lui-même qu'il a mise en nous; par cette idée qui serait impossible, si elle ne venait pas de lui, il dit à tous: C'EST MOI! et ceux qu'on nomme *athées* répondent: COM-

MENT SERAIT - CE TOI, PUISQUE TU N'EXISTES PAS? — *C'est pourquoi ils seront inexcusables.*

Et que veut dire encore le plus inique usurpateur de la renommée, lorsqu'il nous dit *que* DIEU *n'est semblable qu'à lui-même, et que rien* ICI *ne peut lui être comparé* (1)? Sans doute que Dieu ne peut être comparé à aucun objet matériel, et ce principe est fécond pour le philosophe qui nous avertit *de ne rien chercher hors de la nature et de ne faire que des abstractions physiques;* mais rien n'empêche de comparer l'intelligence à l'intelligence pour en tirer la seule définition de Dieu qui soit à la portée de l'homme : *c'est l'intelligence et la puissance telles qu'elles nous sont connues, moins l'idée de borne.*

Ne soyons point la dupe de l'hypocrisie qui ne cesse d'en appeler à la Bible et de nous inviter à *donner à la foi ce qui est de la foi.* Ce respect de comédie ne tend point à élever

(1) Sup., p. 14.

l'Écriture sainte, mais à dégrader la raison en la rendant, pour ainsi dire, étrangère à Dieu.

Il est bien essentiel d'observer que l'Ecriture sainte ne révèle nulle part l'existence de Dieu; elle la suppose comme une vérité connue antérieurement; et loin d'ajouter aux différentes preuves que nous trouvons dans tous les traités de théologie naturelle, on dirait au contraire que les écrivains sacrés se rapprochent de notre faiblesse en nous présentant un Dieu plus semblable à nous; et la raison est approuvée par la foi, lorsqu'elle se permet de rectifier quelques expressions trop humaines, si l'on peut s'exprimer ainsi, et destinées évidemment à se mettre à la portée du grand nombre.

En un mot, le but de la révélation n'est que d'amener l'esprit humain à lire dans lui-même ce que la main divine y traça; et la révélation serait nulle, si la raison, après l'*enseignement divin*, n'était pas rendue capable de se démontrer à elle-même les vérités révélées : comme l'enseignement mathématique, ou tout autre enseignement humain, n'est reconnu vrai et légitime que lorsque la raison, examinant les nouveaux théorèmes, sur la règle éternelle cachée dans le fond de son essence, dit à la *révélation humaine :* VOUS AVEZ RAISON, c'est-à-dire, *vous êtes la raison.*

Shaftesbury reprochant très-justement à Locke d'avoir ébranlé les fondements de la morale en attaquant les idées innées (1), Warburton criait à la calomnie. *En vain*, disait-il, *M. Locke ne cesse de répéter que la loi divine est l'unique et véritable pierre de touche de la rectitude morale, etc.* (2). Warburton raisonnait aussi mal que Locke, et tous deux aussi mal que Bacon. C'est toujours le même sophisme qui les égare : dès que vous séparez la raison de la foi, la révélation, ne pouvant plus être

(1) *Characteristics*, tom. I, p. 8, 3e édit.

(2) *Divine Leg. of Moses, etc.* London, 1722, in-8°, tom I. Dedic., p. XXVI, note 6. — Ainsi, avant la Bible, il n'y avait point de morale, et partout où elle n'est pas connue, si l'on ne peut en conscience tuer son père ni épouser sa mère, c'est uniquement parce que le caprice du législateur le défend ; car il n'y a point de règle antérieure à la loi positive.

prouvée, ne prouve plus rien ; ainsi il faudra toujours en revenir à l'axiome si connu de S. Paul : *Que la loi est justifiée par la raison* (1).

Il est des mots qui contiennent de grandes vérités dans leur simple étymologie ; de ce nombre est celui de *révélation*, synonyme parfait de *dévoilement*, la révélation, dans le vrai, n'ayant fait que tirer le voile fatal qui ne permettait pas à l'homme de lire dans l'homme.

L'argument tiré du consentement universel de tous les peuples gênant beaucoup cette classe de philosophes qui ont déclaré la guerre aux doctrines les plus révérées, ils n'ont pas manqué de s'inscrire en faux contre cette grande preuve. *Le consentement de tous les sages*, a

(1) Il est remarquable que ces dogmes positifs, que le Christianisme nous propose sur l'autorité seule de la parole divine déjà reconnue, ne sont pas même totalement étrangers à cette règle générale ; car non-seulement ils sont prouvés par la parole prouvée, mais, si on les examine bien, ils sont trouvés en rapport avec la nature de l'homme et avec son histoire. Le dogme de la Trinité, par exemple, appartient aux traditions universelles et aux recherches plausibles de la psychologie.

dit Voltaire, *fournirait non pas une preuve, mais une espèce de probabilité : et quelle probabilité encore ! Tous les sages ne croyaient-ils pas, avant Copernic, que la terre est immobile au centre du monde* (1).

Voltaire ne fait ici que rappeler l'idée de Bacon, qui est, sans exception, le père de toutes les erreurs : « Le consentement des hommes, « dit-il, *ne prouve rien et serait plutôt une* « *preuve d'erreur*. On connaît le mot de Péri- « clès, au moment où il obtint un applaudis- « sement universel en parlant au peuple d'A- « thènes : — *Me serait-il donc échappé quel-* « *que sottise?* dit-il aux amis qui l'entou- « raient. »

(1) *Essai sur l'Hist. gén.* Introd. de la Magie, in-8°, tom. I, p. 157. Tom. XVI des OEuvres. Lorsqu'une cause sensible trompe l'homme, l'opinion qui en résulte ne prouve rien. Tous les hommes, par exemple, voyant en apparence lever et coucher le soleil, ont dû en croire leurs yeux. Mais qu'a donc de commun une opinion de ce genre avec ses croyances métaphysiques aussi anciennes et aussi étendues que la nature humaine, et dont il est impossible d'assigner aucune origine satisfaisante tirée du monde sensible ?

Voltaire ici sort évidemment de la question. Il ne s'agit point de savoir ce que vaut le consentement *des sages* qui raisonnent et concluent ; on demande ce que vaut le consentement universel des hommes fondés sur une persuasion intime et naturelle, étrangère à toute recherche scientifique.

Et que dirons-nous de Bacon, qui met en parallèle l'opinion d'une poignée d'Athéniens, opinant sur une question de jurisprudence ou de politique, avec le consentement général et invariable du genre humain sur l'existence d'*une nature meilleure?* J'en atteste toute conscience droite : il est impossible de raisonner plus mal. Au reste, Bacon, qui avait plus de ménagements à garder que Voltaire, s'y prend avec sa duplicité ordinaire pour faire passer une maxime coupable. Il commence par avancer en thèse générale, comme on vient de le voir, *que le consentement des hommes, loin d'être une preuve légitime, fournit au contraire le plus sinistre préjugé contre la croyance qui s'appuie sur cette base ;* mais tout de suite il ajoute pieusement : *J'accepte les questions de théologie et de politique qui permettent de compter les voix* (1).

Charmante scélératesse ! *Dans toutes les choses intellectuelles en général le consentement du genre humain prouve l'erreur plutôt que la vérité ; mais dans les questions de théologie la voix des sots peut être comptée !* Qui pourrait s'étonner qu'un tel homme ait été l'idole du dernier siècle?

Voyons maintenant comment cette belle doctrine est parvenue jusqu'à nous, parfaitement développée, j'ai presque dit *augmentée et corrigée*.

Bacon avait avancé que « si quelqu'un, « d'après la connaissance des choses sensi- « bles et matérielles, espérait d'arriver jus- « qu'à la manifestation de la *nature* (2) et de

(1) *Pessimum enim omnium est augurium quod ex consensu capitur in intellectualibus : exceptis divinis et politicis, in quibus suffragiorum jus est.* (Nov. Org. lib. I, § LXXVII.) Il faut avouer que la politique se trouve ici accouplée à la théologie de la manière la plus ingénieuse.

(2) Je suis étonné qu'il n'ait pas dit la *forme* de Dieu ;

« la volonté de Dieu, *il se laisserait séduire* « *par une vaine philosophie* (1) ; car la con-« templation des créatures peut bien produire « la science quant aux créatures elles-mêmes; « mais à l'égard de Dieu, elle ne peut pro-« duire que l'admiration, qui est comme une « science *abrupte* (2). »

Bacon avait donc la complaisance de con-

pourquoi pas ? dès que la *forme* est *ipsissima res*, et que ce mot est parfaitement synonyme d'*essence*. Lorsqu'on lit, au reste, *que les choses sensibles et matérielles ne peuvent faire connaître la nature ou l'essence divine*, on serait tenté, au premier coup d'œil, de prendre cela pour une platitude ; on se tromperait cependant beaucoup; c'est au contraire une phrase bien pesée, bien cauteleuse, dont le sens est *qu'aucune considération d'ordre et de sagesse ne saurait nous conduire à l'idée d'un Dieu.*

(1) *Videte ne quis vos decipiat per philosophiam et inanem fallaciam.* Coloss. II, 8.) C'est toujours en phrases de la Bible que Bacon travaille à faire mépriser la Bible.

(2) *Quæ est quasi* ABRUPTA *scientia.* (De Augm. Scient. lib. I. Opp. tom. VII, p. 58.) Par le mot de *science abrupte* il entend tout simplement une science qui ne tient à rien, qui est séparée de *la racine commune* (Sup., p. 7) une science en un mot qui n'est pas une science. Il n'y a pas le moindre doute sur ce point.

venir que la contemplation de l'univers pouvait nous faire admirer l'*ouvrier ;* mais son interprète n'est pas si libéral, il convient seulement que nous pouvons admirer l'*œuvre*, mais pas davantage. « Ce terme, dit-il, de « *science abrupte* renferme l'idée qu'il man- « que une transition ou quelque connaissance « intermédiaire entre la contemplation de la « nature et l'admiration de son auteur.... Le « sentiment de l'admiration peut naître, « comme la science, de la contemplation « des *œuvres* elles-mêmes ; mais quant à l'*ou-* « *vrier*, nos propres lumières n'étant tirées « que d'objets *matériels*, nous n'avons con- « naissance que d'ouvriers *matériels ;* et nous « ne conclurons jamais à autre chose, puis- « que nous ne saurions nous EN (1) former « AUCUNE idée (2).

L'idée d'une falsification (très-involontaire

(1) Le pronom est ici un peu éloigné de son substantif ; néanmoins on comprend.

(2) *Précis de la Philos. de Bacon*, tom. 1, p. 131, 132.

sans doute et purement matérielle) se présente ici à l'esprit; car enfin, puisque Bacon a dit l'*ouvrier*, pourquoi lui faire dire l'*œuvre*? Au fond cependant, l'auteur du *Précis* rend bonne justice à son maître, dont la coutume invariable est toujours de dire moins qu'il ne veut dire, mais de se faire toujours comprendre d'une manière ou d'une autre. Ici, par exemple, il cite avec admiration un philosophe platonicien, qui dit avec infiniment d'esprit (*scitissimè*) *que les connaissances que nous tirons de nos sens ressemblent à la lumière du soleil, qui nous cache le ciel et les astres en nous montrant la terre*. Et il ajoute : « *C'est ainsi que « les sens nous découvrent la nature et nous ca- « chent les choses divines* (1). » Ainsi, non-seu-

(1) *Ideoque* scitissimè *dixit quidam Platonicus sensus humanos solem referre, qui quidem revelat terrestrem globum; cœlestem verò et stellas obsignat.* (De Augm. Scient. Ibid.)

On peut s'étonner de la maligne habileté avec laquelle Bacon tourne à son profit la maxime presque chrétienne d'un platonicien ; mais la guêpe qui suce une rose sait fort bien en tirer du poison.

lement le spectacle de la nature ne nous *montre* pas Dieu, mais il nous le *caché*.

Je pourrais multiplier les citations; mais je me répéterais tristement : je m'arrête. La doctrine de Bacon sur la première des questions n'est pas douteuse. « Le raisonnement « ne fournit à l'homme aucune preuve de « l'existence de Dieu. Le consentement du « genre humain ne prouve rien et prouve- « rait plutôt le contraire; car il y a toujours « à parier que la foule se trompe. L'argument « tiré de l'ordre est encore plus faible, d'au- « tant que le spectacle de l'univers n'excite « que l'admiration, *qui est une science abrupte*, « et que pour traverser le vide qui sépare « l'œuvre de l'ouvrier il faudrait un pont qui « n'existe pas. Quant à la preuve qu'on vou- « drait tirer de l'idée de Dieu, il est permis de « la regarder comme une véritable plaisante- « rie, puisque nous ne pouvons avoir de Dieu « AUCUNE idée. — *Reste la Bible*, qui rend « l'homme théiste, comme la sérinette rend « l'oiseau musicien (1). »

(1) Kant a dit de nos jours, après avoir exclu soigneuse-

La doctrine de Bacon, mûrie et perfectionnée dans le XVIIIe siècle, a bien encore quelques mystères; cependant elle parle déjà beaucoup plus clair, et pour peu qu'elle s'avance encore nous saurons bientôt tous ses secrets.

ment toutes les preuves employées et approuvées par les plus beaux génies de l'univers: *Reste la preuve morale*. C'est le même but, la même marche et le même résultat sous une forme différente. Tout le venin de Kant appartient à Bacon.

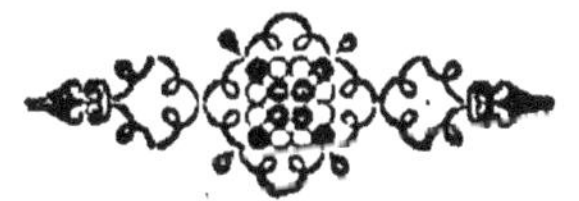

CHAPITRE II.

DE L'AME.

Chaque ligne de Bacon conduit au matérialisme; mais nulle part il ne s'est montré plus habile sophiste, hypocrite plus raffiné, plus profond, plus dangereux, que dans ce qu'il a écrit sur l'âme.

Il débute, suivant sa coutume invariable, par insulter tout ce qui l'a précédé; et, mettant toujours une image à la place de la raison, il nous dit que *sur la substance de l'âme on s'est extrêmement agité*, *mais toujours en tournoyant au lieu d'avancer en ligne droite* (1); de manière qu'on a très-peu avancé en marchant beaucoup.

L'homme qui s'exprime ainsi doit, s'il a une tête ou seulement un front, avoir quelque chose de nouveau à nous proposer. *Prêtons donc à Bacon une oreille attentive.*

Il commence par la distinction si rebattue de l'*âme raisonnable* et de l'*âme sensible;* mais il saura en tirer, à force de dextérité, un parti presque nouveau.

A l'origine de la première, dit-il, se rapportent ces paroles de l'Ecriture : *Il forma l'homme du limon de la terre, et souffla sur sa face une respiration de vie ;* en sorte que cette première âme naquit immédiatement du

(1) *So as the travel therein taken, seemeth to have been rather in a maze than in a way.* (Of the Adv. of learn. Opp. tom. I, p. 127.) Bacon n'a pas jugé à propos de transporter ce trait de poésie dans l'édition latine. (De Augm. Scient. lib. IV, cap. 3. Opp. tom. VIII, p. 235.)

souffle divin (1). L'origine de la seconde est annoncée par ces autres paroles : *Que les eaux produisent! que la terre produise* (2)! par où l'on voit que celle-ci fut tirée des *matrices élémentaires* (3).

On est étonné, et même irrité, de l'audace avec laquelle un faussaire consommé abuse ainsi de l'Ecriture sainte, et la tourmente pour la forcer à dire ce qu'il veut.

Dans les endroits du premier chapitre de la Genèse où Moïse dit : *Que les eaux produisent! que la terre produise!* il n'est pas du tout question de l'homme. Moïse commence par nous révéler la *création de l'univers*; car c'est ce que signifie *le ciel et la terre* (4). Une

(1) *Ortum habuit à spiraculo Dei.... immediatè* (fuit) *inspirata à Deo.* (De Augm. Scient. lib. IV, cap. III, p. 234, 235.)

(2) *Producant aquæ!... producat terra!* (Gen. II, 7; I, 20, 24.)

(3) *E matricibus elementorum.* (De Augm. Scient. Ibid. p. 235.)

(4) A cette même expression se rapporte encore celle qui

autre expression n'aurait pas même été comprise par les hommes auxquels il s'adressait. Il parle ensuite de notre planète en particulier et des deux astres qui sont avec elle en rapport plus étroit ; il parcourt successivement tous les ordres de cette création si magnifiquement couronnée par celle de l'homme. *Dieu dit : Faisons l'homme à notre image et ressemblance.* Moïse répète en appuyant sa plume inspirée : *Dieu créa l'homme à son image ; il le créa à l'image de Dieu ; et Dieu lui dit : Soyez le roi de la terre et de toutes les créatures qu'elle nourrit* (1).

termine le seizième verset, ET STELLAS (Dieu créa aussi les étoiles); ce qui signifie, en termes simples et sans explication, comme cela devait être, que notre système n'est point isolé, et que l'univers n'est qu'un tout dont les diverses parties furent produites et mises en harmonie par un seul acte de la volonté toute-puissante. Je me souviens que Bonnet de Genève (si estimable d'ailleurs) semble quelque part demander grâce pour ce passage de Moïse, *et stellas.* Il ne faut pas être si prêt à passer condamnation, lorsqu'il est possible de donner aux mots un sens également sublime et probable. — Et quand je me tromperais ici, qu'en résulterait-il ? *qu'il y aurait une explication meilleure, que j'ignore.*

(1) *Et dit* (Deus) : *Faciamus hominem ad imaginem et simi-*

Tels sont les titres augustes et ineffaçables de l'homme : il exerce sur toutes les parties de la nature un empire immense, bien qu'immensément affaibli ; car il ne saurait être l'image, même défigurée, du Créateur, sans être encore jusqu'à un certain point l'image de l'action et de la puissance de celui qui est tout action et toute puissance.

Ici, l'on ne trouvera pas une seule expression ambiguë ou matérielle. L'homme est créé à part ; il n'est pas dit un mot d'*âme vivante* ou de *vie animale ;* l'homme est déclaré purement et simplement *image de Dieu*, c'est-à-dire *in-*

litudinem nostram, et præsit, etc.... Et creavit Deus hominem ad imaginem suam ; ad imaginem Dei creavit illum.... Et ait : Crescite et multiplicamini, et replete terram, et subjicite eam, *et dominamini... universis quæ moventur super eam.* (Gen. I, 26, 27, 28.)

Moïse exprime ici l'immatérialité absolue de la manière la plus claire, et bien mieux que s'il l'avait énoncée directement ; car, de quelque expression qu'il se fût servi, la mauvaise foi aurait dit, *Que veut dire ce mot?* comme elle dit, *Que veut dire* CREAVIT ! Au lieu qu'en disant, *Il le créa semblable à lui*, Moïse a tout dit.

telligence : et là Moïse s'arrête, car il a tout dit.

Cependant Bacon, voulant absolument se débarrasser de cette âme intelligente qui le gênait, observe « que l'essence n'en ayant « point été tirée de la masse du ciel et de la « terre, et les lois de cette masse étant néan- « moins les objets exclusifs de la philosophie, « celle-ci ne saurait posséder ni fournir au- « cune espèce de lumières sur l'essence de « l'âme intelligente : *Ne cherchons donc à la « connaître*, continue Bacon, *que par la même* « inspiration *qui l'a produite* (1). »

En suivant cette idée, il appelait cette partie de la philosophie qui s'occupe de l'âme

(1) *Quin imò, ab eâdem inspiratione divinâ hauriatur à quâ substantia animæ primò emanavit.* (Ibid. p. 235.) Si Bacon avait eu une étincelle de bonne foi, comment aurait-il osé en appeler aux écrivains sacrés sur la question de l'essence de l'âme?

Scilicet is superis labor est ea cura quietos
Sollicitat!

De Moïse à saint Jean, aucun peut-être n'y a pensé.

raisonnable, il l'appelait, dis-je, *la doctrine du souffle*, parce que Dieu *souffla* cette âme dans l'origine ; et il entendait que la *doctrine du souffle* serait réservée à la théologie (1).

Voilà donc la raison humaine séparée d'elle-même et déclarée incapable de raisonner sur la raison. Bacon était, on peut en être bien sûr, fort éloigné d'avoir le plus léger sentiment de l'étonnante absurdité qui lui échappe ici ; mais son esprit ne rejette rien de ce qui peut distraire l'homme de toute idée spirituelle. Il a dit plus haut que *Dieu ne peut être comparé à rien*. Il en est de même de l'intelligence créée, puisqu'elle n'est ni pierre, ni métal, ni bois, ni fluide, etc. Toute science de l'intelligence est *abrupte*, et comme telle exclusivement abandonnée à la *sacrée théologie*, dont il ne traitera qu'à la fin de son livre (2).

(1) *Doctrinam circa animam humanam (rationabilem)* doctrinam de spiraculo *appellabimus....* (Ibid. p. 233.) *Quam.... Religioni determinandam et definiendam rectiùs transmitti censemus.* (Ibid. p. 234.)

(2) *Quippe* sacram Theologiam *in fine operis collocavimus.* (De Augm. Scient. Ibid. p. 234.)

Déjà dans un chapitre antérieur il établit le principe qui lui servira ensuite à développer son système. « Il faut bien, dit-il, *distin-* « *guer* les sciences, mais non les *diviser*. « Voyez ce qui est arrivé à Copernic pour « avoir voulu séparer la philosophie de l'astro- « nomie! Il a imaginé un système qui, pour « être d'accord avec les phénomènes, ne peut « être réfuté par les principes de l'astronomie, « *mais qui peut l'être par ceux de la philoso-* « *phie naturelle bien entendue* (1). »

La même chose, suivant lui, est arrivée à la science de l'homme. On peut bien *distinguer* chez lui l'âme et le corps; mais il ne faut pas les *séparer*.

« La science de l'homme est bien digne d'é-

(1) Voilà certes un exemple et un raisonnement bien choisis! Un système astronomique qui explique *seul tous* les phénomènes est suffisamment réfuté *par les principes de la philosophie naturelle*, c'est-à-dire par les rêves de l'imagination la plus désordonnée et de la plus profonde ignorance. Il faut l'avouer, le dix-huitième siècle s'était donné de singuliers législateurs.

« tre enfin ÉMANCIPÉE et constituée en « science à part, c'est-à-dire *qu'elle doit se* « *composer uniquement des choses qui sont* « *communes à l'âme et au corps* (1).

On peut donc se permettre de *distinguer* par la pensée, mais non de *séparer* l'âme et le corps; car l'un et l'autre constituent l'*homme* et c'est de l'*homme* qu'il s'agit.

L'âme intellectuelle mise à part, comme nous l'avons vu, il ne s'agit plus que de tourner uniquement la pensée vers l'*âme* sensible *ou* produite, *qui nous est commune avec l'animal* (2), dont la *sacrée théologie* se mêle peu, et dont il est permis de dire tout ce qu'on veut.

(1) *Conficitur autem illa* (scientia) *ex iis rebus quæ sunt tam corpori quàm animæ communes.* (Ibid. lib. IV, cap. 1, p. 208.) Il faut peser bien scrupuleusement ces mots, et se rappeler aussi que ces mots *iis rebus* signifient les *principes*, les *éléments*, les *atomes* qui ont tout formé : *primordia rerum.*

(2) *Irrationabilis, quæ communis est cum brutis,... anima sensibilis sive producta.* (Ibid. p. 233, 235.)

Or, cette âme sensible, *qui nous est commune avec les animaux* (il le répète avec complaisance) vient incontestablement du limon de la terre, et cela se prouve encore par la Bible ; car il est écrit que *Dieu forma* L'HOMME *du limon de la terre, et non* LE CORPS DE L'HOMME : ceci est décisif. La science de l'homme étant donc *émancipée*, et n'admettant rien d'*abrupte*, on peut bien y *distinguer* quelque chose, mais seulement à la charge de n'y rien *séparer*. N'allons donc pas disséquer l'*homme*, et souvenons-nous toujours que le bon Dieu, pour le former *tout entier*, n'employa que de la terre glaise.

On a vu que, pour réprimer l'âme raisonnable ou l'intelligence, Bacon a saisi le mot *spiraculum* (haleine, respiration) terme exclusivement biblique dans ce sens ; la pure latinité ne lui attribuant que celui d'*évent* ou de *soupirail* (1). Bacon employait ce mot nouveau

(1) *Hic specus horrendum et sævi* spiracula *Ditis.* (Virg. Æn. VII, 568.)

pour exclure celui d'*esprit* que l'usage avait trop *spiritualisé*, quoique, dans l'origine, il fût synonyme de l'autre. Il s'avance même jusqu'à dire qu'il vaudrait mieux attribuer ce mot d'*esprit* à l'âme sensible (1). Dans le cours de ses ouvrages, il le prend toujours dans le sens de *vie*, et il le nomme *la maîtresse roue de la machine humaine*, *celle qui donne le branle à toutes les autres* (2). Son but très-évident est de confondre les notions en confon-

(1) *Hæc anima* (sensibilis)... SPIRITUS *potiùs appellatione quàm* animæ *indigitari possit.* (De Augm. Scient. loc. cit. p. 235.)

(2) *Quasi rota suprema quæ alias rotas in corpore humano circumagit.* (Hist. Vit. et Nec. can. XIX. Opp. tom. VIII, p. 459.)

Ailleurs il dit, « que si le sang ou le flegme viennent à « s'amasser dans les ventricules du cerveau, l'homme meurt « subitement, *l'esprit ne sachant plus où se tourner.* » (Ibid. n° X. *In atriolis mortis*, § 6, p. 441.)

Toujours, au reste, cauteleux à l'excès, il a soin dans toutes ses rêveries physiologiques de dire tantôt *l'esprit* et tantôt *les esprits*. Il pense à tout, et nul homme au monde n'a mieux dit ce qu'il ne fallait pas dire.

dant les mots, et de ne montrer dans l'homme que l'âme sensible.

Moïse, comme nous l'avons vu plus haut, raconte la création de l'homme, au premier chapitre de la Genèse, dans les termes les plus magnifiques ; et il est bien remarquable que, dans cet endroit, il n'y a pas un mot qui se rapporte à la nature animale de l'homme.

Mais dans le second chapitre il revient sur cette création pour ne parler absolument que de notre nature animale. Les paroles sont si claires et si exclusives, qu'il n'y a pas moyen de s'y tromper.

Dieu forma donc l'homme du limon de la terre : il souffla sur sa face une haleine de vie, et l'homme devint une créature (ou *une âme*) *vivante* (1).

La vie animale ou l'âme sensible est exprimée ici aussi clairement et aussi exclusivement que la pure intelligence l'a été dans le chapi-

(1) *Et factus est homo in animam viventem.* (Gen. II, 7.)

tre précédent (1). Que fait Bacon? il omet entièrement le texte du premier chapitre. Il suppose que le mot *homme*, dans celui que je viens de citer, signifie *tout l'homme* et non *le corps de l'homme*, contre l'esprit manifeste du texte, et même contre la lettre, puisque les deux opérations sont distinguées. Il *forma l'homme*. ET *il souffla, etc*. Enfin, il ose passer sous silence la dernière phrase : *et l'homme fut fait ou devint âme vivante*, afin de pouvoir, au moins en apparence, attacher au mot *haleine* (SPIRACULUM) le sens d'*âme raisonnable;* il avait cependant trop d'esprit pour ne pas voir le contraire, puisque Moïse emploie précisément le même mot (*animam viventem*) qu'il a employé

(1) Je ne cherche point ici la raison pour laquelle Moïse considère d'abord l'homme comme pure image de Dieu, et par conséquent comme pure intelligence, sans admettre dans son discours une seule idée matérielle, et pourquoi il renvoie à un autre chapitre la nature animale de l'homme; prenant garde ici avec non moins de scrupule de dire un mot qui sorte du cercle sensible. Il y a des lacunes dans l'Ecriture sainte, et il doit y en avoir, puisque nous ne sommes pas faits pour tout savoir. Je me contente de relever le fait, qui me paraît digne de beaucoup d'attention.

plus haut pour l'animal ; mais Bacon écrivait volontairement contre la vérité et contre sa conscience, espérant que, l'*haleine divine* une fois entendue de l'âme raisonnable, le lecteur ne serait pas embarrassé d'achever le commentaire, et de deviner que, puisque cette *haleine*, qui constitue ce qu'on appelle la *raison*, appartient cependant à l'*âme vivante*, l'homme, quoique Dieu ait soufflé sur lui, n'est cependant qu'une *âme vivante* raffinée (1).

Le jugement qui flétrit Bacon comme juge vénal le déshonore moins à nos yeux que ce travail péniblement frauduleux exercé sur la Bible pour la plier aux plus honteuses spéculations. Tous les sectaires l'avaient invoquée sans doute, car *tout* peut se trouver dans *tout* livre, que *tout* homme a droit d'interpréter à son gré ; mais jusqu'à Bacon, je ne sache pas que le matérialisme l'eût appelée à son secours.

(1) M. Lasalle, traduisant franchement l'idée de Bacon, appelle sans détour le *Spiraculum*, LE SOUFFLE VITAL. (De la Dign. et de l'Accroiss. des Sciences, liv. IV, ch. 3. Œuvr. de Bacon, tom. II, p. 204.)

Bacon, au reste, se contredit grossièrement en affirmant dans la même page, d'un côté « que « la doctrine du souffle peut être traitée même « philosophiquement, avec beaucoup plus « d'exactitude et de profondeur qu'elle ne l'a « été jusqu'à présent; » et de l'autre, « que le « *souffle* n'ayant rien de commun avec la « masse du ciel et de la terre, son essence se « refuse à toute recherche philosophique(1). »

Mais nous pouvons laisser de côté cette contradiction, qui n'est au fond qu'une distraction de conscience : Bacon n'en marche pas moins droit à son grand but, qui est d'établir que l'homme ne peut connaître par sa raison que

(1) On peut observer ici le caractère de Bacon, qu'il a légué à toute sa postérité philosophique. C'est un orgueil effréné qui contredit tout, qui rabaisse tout, et ne croit qu'à lui-même. Bacon nous a promis de *refaire l'entendement humain;* un autre l'a promis de nos jours; et la promesse est d'autant plus ridicule qu'elle appartient à une secte purement négative qui a *refait* l'entendement, comme le protestantisme a *refait* le christianisme. Bacon est particulièrement amusant, lui à qui il n'est pas arrivé peut-être une seule fois d'affirmer sans se tromper. Je voudrais bien voir ce *qu'il nous aurait dit de plus profond sur l'esprit.*

la matière seule et tout ce qui provient des *matières élémentaires* (1).

Lorsque, après avoir écarté avec toute l'habileté possible cette âme raisonnable, si *abrupte*, si étrangère à tout ce qui se touche, il en vient enfin à sa chère *âme sensible*, alors il est à son aise, et sa philosophie coule comme la poésie de Pindare, *ore profundo*.

« Quant à l'âme sensible, dit-il, ou *pro-*
« *duite* (2), on peut très-bien en rechercher la

(1) Le contraire de cette proposition est démontré, puisque l'esprit se connaît par intuition, tandis qu'il ne connaît la matière que par les qualités qu'elle lui manifeste. L'idéalisme, qui a pu nier la matière, n'a donc aucune prise sur l'intelligence, puisqu'il ne pourrait agir contre elle que par elle, ni l'attaquer sans la confesser.

(2) On demandera peut-être pourquoi ce mot de *produite* comme si tout n'était pas *produit*, excepté ce qui produit tout? c'est que Bacon a toujours en vue ces mots du premier chapitre de la Genèse : « *Que la terre produise! que les eaux* « *produisent l'âme vivante;* » et comme il est dit dans le second « que Dieu *souffla* sur l'homme, qui devint ainsi *âme* « *vivante*, » Bacon supprime ces dernières paroles, et il déclare que par *souffle* il entend *l'âme raisonnable*, afin que le lecteur dise de lui-même : « Cependant en vertu de ce « souffle l'homme ne devint qu'*âme vivante*; donc, etc. »

« nature; mais on peut à peu près dire que « ces recherches nous manquent..... *En ef-* « *fet* (1), l'âme sensible ou animale doit être « considérée comme une substance purement « matérielle (*planè corporea*) atténuée et ren- « due invisible par la chaleur. C'est une espèce « de *gaz* mêlé d'air et de feu, AFIN QUE par « la mollesse de l'air cette âme puisse recevoir « les impressions, et que par la vigueur du « feu elle puisse *lancer* une action (2). Cette « âme, résultat d'une combinaison de princi- « pes huileux et aqueux, est renfermée dans « le corps, et, chez les animaux parfaits, elle « est principalement logée dans la tête. Elle « parcourt les nerfs et s'alimente du sang spi- « ritueux des artères. »

Stupide matérialiste! brute plus brute que

(1) Il faut observer ici le *siquidem*, qui marque l'enchaînement et la filiation des idées. — *Jusqu'à présent, on n'a presque rien dit de raisonnable sur l'âme sensible;* CAR ou EN EFFET *cette âme est purement matérielle, etc.*

(2) *Aeris mollitie* AD *impressionem recipiendam; ignis vigore* AD *actionem vibrandam, dotata.* (Ibid., p. 235.) — Voilà certes une superbe cause finale et bien digne de celui qui les relègue parmi les derniers efforts de l'esprit humain!

les brutes auxquels tu demandes des arguments, tu crois donc que l'*âme sensible*, *la vie*, *le sentiment*, *ce qui aime* enfin, n'est qu'un mélange d'ingrédients matériels comme un potage de ta cuisine? Tu ne serais qu'absurde si tu ne disais que cela; mais ta pensée va plus loin.

Voilà, dit Bacon, *ce que j'avais à dire sur l'*AME. Il ne dit point *âme sensible*, et en apparence il est en règle, le mot *âme* pouvant ici, quoique d'une manière un peu forcée, se rapporter aux deux espèces d'âmes dont il vient de parler. Au fond cependant ce mot vague d'AME n'est ici qu'une transition criminelle pour écrire ce qui suit.

« *Les facultés très-connues de l'*AME *sont*
« *l'intelligence*, *la raison*, *l'imagination*, *la*
« *mémoire*, *l'*APPÉTIT, *la volonté*, *etc.*; ....
« mais dans les doctrines de l'*âme* il faut trai-
« ter de l'origine des facultés, *et d'une manière*
« *physique*, en tant qu'elles sont innées dans
« l'âme et qu'elles y sont attachées (1). »

(1) *Facultates autem animæ notissimæ sunt, intellectus,*

Avec quel art il mêle les facultés qui distinguent les deux puissances, pour les confondre et n'en faire qu'une ! Il ne manque pas de mettre l'*intelligence* au rang des simples facultés (1), et il la réunit dans le même sujet à l'*appétit*, c'est-à-dire à cette faculté qui était prise dans toutes les écoles pour le caractère distinctif de l'âme sensible, ou pour cette âme

ratio, *phantasia*, *memoria*, APPETITUS, *voluntas*; .... *sed in doctrinâ de animâ*, *origines ipsarum tractari debent*, *idque physicè*, *prout animæ innatæ sint et ipsi adhæreant*. (Ibid., p. 235.)

(1) Cabanis a justement reproché à Condillac de n'avoir pas su tirer la conséquence du principe qu'il posait lui-même : « *Si Condillac*, dit-il, *n'avait pas manqué de connaissances* « *physiologiques*, *n'aurait-il pas senti que l'âme telle qu'il* « *l'envisage est une faculté et non pas un être*, *et que si c'est* « *un être elle ne saurait avoir plusieurs des qualités qu'il lui* « *attribue?* » (Rapp. du Physique et du Moral de l'homme, in-8°, 1er Mém. § 3, p. 39.)

Je n'aime certes ni Condillac ni Cabanis ; cependant il faut avouer que ce dernier est plus courageux, plus logicien et plus honnête homme que l'autre. Cabanis est un franc disciple de Locke ; et la franchise, de quelque manière qu'elle se présente, n'est jamais sans une espèce de mérite.

elle-même (1). Enfin il nous propose « de re-« chercher l'origine physique de l'intelligence, « de la raison, de la volonté, de toutes les fa-« cultés, en un mot, qui s'exercent sur les « sciences dialectiques et morales (2). »

Bacon, au reste, n'ayant pas émis une seule parole damnable qui n'ait été doublée par quelque écho du XVIIIe siècle, l'éloquent naturaliste de cet âge, après avoir répété à la suite de tant d'autres l'antique vérité *que l'homme intérieur est double*, n'a pas manqué de nous dire aussi *que le principe animal est* PUREMENT MATÉRIEL; et, pour qu'il ne

(1) C'est le *Thymos* des Grecs, si fameux dans tous leurs écrivains moralistes et métaphysiciens.

(2) *Circa quas (facultates) versantur scientiæ logicæ et ethicæ.* (Loc. cit. p. 235.) Ce n'est point sans raison qu'il ne nomme que ces deux sciences ; chaque mot a son venin : il cherche ce qu'il y a de plus spirituel dans l'homme, afin qu'en le rapportant à la matière il y ait moins de doute sur le reste. — Au surplus cette proposition de *rechercher l'origine physique de l'intelligence* n'est point exprimée dans le texte anglais. (Opp. tom. I, p. 127.) Il lui arrive assez souvent de se retenir en parlant sa langue, parce qu'il ne croyait pas ses compatriotes encore mûrs et dignes de lui.

manque rien à cette décision de ce qu'y peut ajouter de poids la profondeur et la précision philosophique, un commentaire lumineux nous apprend *que le principe spirituel est une lumière pure, qu'accompagnent le calme et la sérénité, une source salutaire dont émanent la science, la raison, la sagesse; et que l'autre est une fausse lueur qui ne brille que par la tempête et dans l'obscurité, un torrent impétueux qui roule et entraîne à sa suite les passions et les erreurs* (1).

Ainsi l'homme est *lumière* et *fontaine*, *feu follet* et *torrent*.

La lumière est moins brillante, une fontaine est moins claire, un feu follet est moins subtil, un torrent est moins entraînant que cette tirade éloquente !!

(1) Buffon, *Histoire naturelle de l'Homme*.

CHAPITRE III.

DE L'ORIGINE DU MOUVEMENT SPONTANÉ ET DU MOUVEMENT EN GÉNÉRAL.

Nul doute, suivant Bacon, *que* l'esprit *ne soit la source du mouvement spontané* (1). On croirait, au premier aperçu, que c'est Platon qui parle; mais bientôt nous entendrons d'autres maximes que celles de ce philosophe.

(1) SPIRITUS, *procul dubio, motûs fons est.* (De Augm. Scient. lib. IV, cap. 3. Opp. tom. VIII, p. 238.)

Jusqu'à présent, ajoute Bacon, *on a parlé assez misérablement sur ce sujet* (1); maxime favorite et qui reparaît sous mille formes. On conçoit à peine le vertige d'orgueil qui persuadait à cet homme que l'univers entier avait déraisonné jusqu'à lui ; et, ce qui est bien remarquable, jamais il n'a le ton plus méprisant que lorsqu'il est lui-même sur le point de déraisonner de la manière la plus choquante.

« Les anatomistes, dit-il, ont fait quelques « bonnes observations sur le mouvement ani- « mal; d'autres en ont fait de tout aussi « justes sur le rôle que joue l'*imagination* « dans ce mouvement (2); mais on n'a point

(1) *Satis jejunè.* (Ibid.)

(2) Le mot d'*imagination* est ici excessivement mal placé ; Bacon le préfère cependant à celui de *volonté*, parce qu'il est moins intellectuel et plus *passif*. Il dit donc : *C'est l'imagination qui détermine et dirige le mouvement volontaire ;* de manière que le *mouvement volontaire n'est ni produit ni régi par la volonté.*

Par la même raison les philosophes du dernier siècle évitent, autant qu'il est possible, le mot de *pensée* et lui préfè-

« encore recherché avec attention *comment* « *les compressions, les dilatations et les agita-* « *tions de l'*ESPRIT *peuvent mouvoir le corps* « *en tous sens.* »

Nous commençons à comprendre : l'esprit n'est qu'un fluide, et il s'agit de savoir comment il meut le corps ; ce qui est assez difficile, un peu moins cependant que de nous apprendre ce qui meut l'esprit ; mais Bacon va nous montrer la source de l'erreur.

» Il ne faut pas s'étonner qu'on n'y ait rien « compris, puisque l'âme sensible elle-même « a passé jusqu'à présent plutôt pour une EN- « TÉLÉCHIE et une simple fonction que pour « une substance ; mais depuis qu'on sait

rent celui d'*idée.* C'est une remarque que l'on peut faire à toutes les pages de Locke et de Condillac. En écrivant sur *l'origine des idées*, ces philosophes savaient bien dans leur conscience que leurs livres disparaîtraient d'eux-mêmes, écrasés par le poids du ridicule, s'ils avaient seulement changé le titre et écrit *sur l'origine des pensées.* Ils préféraient donc le mot *idée* qui rappelle une image, et se rapporte moins à l'action de l'esprit qu'à celle des objets extérieurs sur l'esprit.

« *enfin* que cette âme est une substance cor-
« porelle et *matériée* (1), il devient nécessaire
« de rechercher comment l'*esprit*, c'est-à-dire
« *un air* (AURA), une vapeur si légère et si
« *tendre* (2), peut remuer des corps si gros-
« siers et si durs. »

(1) *Substantiam corpoream et* MATERIATAM. (De Augm. Scient. loc. cit., p. 238.)

Les anciens philosophes imaginèrent une certaine matière primitive, si connue sous le nom de *hylé* (ὕλη), indifférente à toutes les formes, et attendant la *forme* pour devenir *ceci* ou *cela*. (*V.* p. c. Arist. de An. II, 1.) Or, cette matière ainsi *abstraite* déplaisait à Bacon qui la trouvait trop métaphysique. (*Vid.* inf.) Pour maintenir donc *la pureté du dogme*, comme il convient *au religieux pontife des sens* (sup., p. 1) Bacon ne déclare pas seulement l'âme sensible, *substance corporelle*, mais de plus *matériée*.

Ne craignez pas qu'il dise *rare*, *raréfiée*, *subtile*, *volatile*, *etc.*, car jamais il n'a rien touché de tout cela. Il dira donc *tendre*, parce qu'il a souvent appuyé son doigt sur de la cire et sa tête sur un coussin. Tout à l'heure il a dit que l'air était *tendre* pour recevoir les impressions, et précédemment il nous a fait admirer la terre si dure et si pesante, supportée néanmoins, par un véritable miracle, sur l'air, *qui est si tendre*. (Tom. I, p. 196.)

(2) *Quibus nexibus aura tam pusilla et tenera corpora tam crassa et dura in motu ponere possit.* (Ibid., p. 238, 239.)

Nous *savons* maintenant ce que Bacon *savait* sur l'origine du mouvement spontané; il en faisait un objet de pure mécanique; il croyait que l'*esprit* (qui est un *gaz*) poussait le corps de l'animal, comme le marteau pousse un clou; et mettant à part la petite question de savoir comment et par qui l'*esprit* lui-même était poussé, ce puissant génie invitait tous ses frères les humains à rechercher (puisque c'était encore lettre close), par quels efforts inconnus quelque chose *d'aussi tendre qu'un air* pouvait remuer des corps aussi grossiers et aussi durs que ceux de l'éléphant, par exemple, ou de la baleine; car s'il ne s'agissait que d'une puce on pourrait s'en tirer.

Observons encore l'incroyable assertion de Bacon, *que ce qui avait principalement égaré les observateurs jusqu'à lui, sur le sujet de l'âme sensible, c'est qu'on l'avait prise plutôt pour une* entéléchie *ou simple fonction que pour une substance* (1).

(1) *Vid.* Joh. Aug. Ernesti Clavem Ciceronianam in Ἐντελέχεια.

Est-ce mauvaise foi, est-ce ignorance? je l'ignore ; mais certainement c'est l'un ou l'autre. Tous ceux qui ont droit de parler de la philosophie ancienne, c'est-à-dire tous ceux qui l'ont étudiée, savent qu'en écartant toutes les questions sur les véritables limites données à la signification de ce mot par le philosophe qui l'inventa, il signifie au moins très-certainement l'*acte d'une puissance substantielle*. Comment donc peut-on dire que l'*âme sensible* a été prise pour une *entéléchie* ou simple *fonction* (1), tandis que l'entéléchie n'est que *la puissance considérée dans son état d'action;* de manière que *la puissance est à l'entéléchie ce que l'œuf est au poulet* (2). Jamais donc on n'a pu prendre l'âme sensible pour un acte simple, puisqu'elle est supposée substance et puissance par là même qu'elle produit un acte, ou, pour

(1) *Pro entelechiâ et functione quâdam.* (Bac. loc. cit. p. 238.)

(2) Τὸ ᾠὸν κατὰ δύναμιν μὲν νεοσσός ἐστι, κατ' ΕΝΤΕΛΕΧΕΙΑΝ οὐκ ἔστι. (Sext. Emp. 6. Mathem. X. 340, cité par Ernesti au mot *Entelechia*, loc. cit.)

mieux dire, puisque ce mot ne peut signifier qu'*une action substantielle.*

Au reste, je doute beaucoup que Bacon se soit trompé sur le véritable sens de ce mot, ou qu'il ait cherché à s'en instruire ; il avait, en l'employant, une vue profonde relativement à son but général. Il avait lu dans Cicéron que, l'esprit n'ayant rien de commun avec la matière, il fallait lui donner un nom particulier exclusif de toute idée matérielle, et que, dans cette vue, Aristote avait inventé celui d'*entéléchie*, *dont les éléments expriment* l'autocinésie *et la perpétuité* (1).

(1) *Quintum adhibet* (principium Aristoteles) *vacans nomine, et sic ipsum animum* Ἐντελεχίαν *vocat, novo nomine, quasi quamdam continuam motionem et perennem,* ἀπὸ τοῦ ἐντελὲς ἔχειν. (Cic. Tusc. Quæst. I, 10.)

Les mots reçus d'*autopsie*, d'*autonomie* et peut-être d'*autocratie* semblent demander celui d'*autocinésie* pour exprimer le *mouvement de soi.*

Tout mouvement n'étant qu'un effet, le bon sens antique cherchait un premier moteur qui n'en eût pas lui-même, et il lui attribuait l'*autocinésie*, pour éviter ce qu'on appelle le *progrès à l'infini.* L'école aussi a dit : *Omne mobile à principio immobili.* (*Tout mouvement part d'un principe immo-*

Il n'en fallait pas davantage pour déterminer Bacon à transporter à l'âme sensible l'*entéléchie* d'Aristote, comme le *spiraculum* de la Bible, afin de confondre les notions en confondant les mots, et de réunir toutes les idées des différentes puissances de l'homme distinguées par les philosophes dans cette seule et unique puissance qu'il a déclarée *matière materiée.*

Qui sont donc ces philosophes, prédécesseurs de Bacon, qui ont tâché d'appliquer le nom d'*entéléchie* à l'âme sensible considérée comme puissance séparée de l'intelligence? Il n'en cite et n'en pouvait citer aucun.

Aristote n'est point du tout le complice de Bacon dans tout ce qu'on vient de lire ; il s'est

bile.) Plus souvent qu'on ne le croit l'école a raison et s'exprime très-bien : ici elle n'a fait que traduire Aristote : Τὸ πρώτως κινοῦν ἀκίνητον. (De Gen. et Corr. XII, 7.)

On voit de reste que l'*autocinésie* et l'immobilité du premier principe reviennent au même. *Sans se remuer physiquement*, c'est-à-dire, *en se mouvant lui-même et de lui-même à sa manière, il produit le mouvement physique dans les corps.* Il n'y a rien de si clair pour la conscience qui ne dispute pas.

même exprimé sur ce grand sujet d'une manière qui n'a pas été assez remarquée. Il est bien vrai qu'il ne regarde point l'âme sensible comme une substance séparée (1), et il est bien vrai encore qu'il refusait l'*autocinésie* à l'âme en général, comme Ernesti l'a observé à l'endroit cité; il ne prétendait point en cela dégrader l'âme; il voulait au contraire l'exalter en ajoutant tout de suite: *Mais comme je l'ai prouvé plus haut, il n'est point nécessaire que ce qui meut soit mu* (2). Voilà le grand mot que l'école a répété sous une autre forme, comme on vient de le voir.

(1) Les mots de *substance séparable* et *inséparable* ont été fort employés par les scolastiques après Aristote. On demande, par exemple, si dans l'animal l'âme sensible ou la « vie est une *substance séparable* qui subsiste à part, indé« pendamment du corps animal? » Et sur cette question Aristote s'est déterminé pour la négative. (Arist. de An. lib. II, cap. 2.)

(2) Ισως γὰρ οὐ μόνον ψευδός ἐστι τὸ τὴν οὐσίαν αὐτῆς τοιαύτην εἶναι οἵαν φασὶν οἱ λέγοντες εἶναι τὴν ψυχὴν τὸ κινοῦν αὑτὸ ἢ δυνάμενον κινεῖν· ἀλλ' ἕν τι τῶν ἀδυνάτων τὸ ὑπάρχειν αὐτῇ κίνησιν. (Arist. Ibid. lib. 3.)

Οτι μὲν οὖν οὐκ ἀναγκαῖον τὸ κινοῦν καὶ αὐτὸ κινεῖσθαι πρότερον εἴρηται. (Ibid.)

Lorsqu'il s'agit d'ailleurs de l'âme intelligente, proprement dite, on le voit pencher visiblement du côté de la vérité : *Quant à l'intelligence*, dit-il, *ou puissance rationnelle, rien n'est encore démontré ; néanmoins il paraît qu'on doit la regarder comme un genre d'âme à part et seule séparable*, comme l'éternel est distingué du corruptible (1).

On aime encore l'entendre ajouter : *Il ne paraît pas, comme quelques-uns l'ont pensé, que l'âme meuve le corps qu'elle anime par la simple transmission d'un mouvement semblable à celui qu'elle lui communique, mais bien par un certain acte de la volonté et de l'intelligence... On ne saurait lui attribuer l'étendue.... L'esprit est* UN..... *non comme une grandeur quelconque qui est une, mais comme l'unité numérique. Il est simple, car s'il avait des parties, par quelles de ces parties de lui-même penserait-il?... Serait-ce par une ou plusieurs? Dans*

(1) Περὶ δε τοῦ νοῦ καὶ τῆς θεωρητικῆς δυνάμεως οὐδέπω φανερόν. Ἀλλ' ἔοικε ψυχῆς γένος ετερον εἶναι, καὶ τοῦτο μόνον ἐνδέχεται χωρίζεσθαι καθάπερ ἀίδιον τοῦ φθαρτοῦ. (Ibid. II, 2.)

ce dernier cas, un même et unique principe pensant pourrait donc avoir plusieurs et même une infinité de pensées sur le même objet et dans le même temps, ce qui est contre l'évidence. Dans la première supposition (c'est-à-dire que l'esprit ne pense que par l'une de ses parties) *à quoi servent les autres? ou bien même pourquoi est-il étendu?* (1)

(1) Ενιοι δὲ καὶ κινεῖν φασὶ τὴν ψυχὴν τὸ σῶμα ἐν ᾧ ἐστιν ὡς αὐτὴ κινεῖται..... Ολως δὲ οὐχ οὕτω φαίνεται κινεῖν ἡ ψυχὴ τὸ ζῶον, ἀλλὰ διὰ προαιρέσεως τινος καὶ νοήσεως.... Πρῶτον μὴν οὖν οὐ καλῶς τὸ λέγειν τὴν ψυχὴν μέγεθος εἶναι... Ο δὲ νοῦς εἷς... ὡς ὁ ἀριθμὸς, ἀλλ' οὐχ ὡς μέγεθος· διόπερ ὀυδὲ νοῦς οὕτω συνεχὴς, ἀλλ'... ἀμερὴς... Πῶς γὰρ δὴ καὶ νοήσει μέγεθος ὢν ὁτῳοῦν τῶν μοριων τῶν αὐτοῦ... Εἰ δὲ καὶ κατὰ μέγεθος πολλάκις ἢ ἀπειράκις νοήσει τὸ αὐτό· φαίνεται δὲ καὶ ἅπαξ ἐνδεχόμενον. Εἰ δὲ ἱκανὸν θίγειν ὁτῳοῦν τῶν μορίων, τί δεῖ κύκλῳ κινεῖσθαι, ἢ καὶ μέγεθος ἔχειν. (Arist., Ibid. lib. I, cap. 3.)

On pourrait croire au premier coup d'œil que la traduction que je présente de la première phrase contredit le texte; mais le second coup d'œil l'aura bientôt justifiée. Le grec dit mot à mot : *Quelques-uns pensent que l'âme meut le corps qu'elle anime, comme elle est mue elle-même.* Aristote, toujours avare de paroles, aurait pu ajouter : *c'est-à-dire matériellement, et à la manière des corps qu'elle meut; mais il n'en est rien, car elle n'agit dans ce cas que d'une manière inexplicable et qui lui est particulière, c'est-à-dire par un acte seul, etc.*

Comme il ne saurait y avoir de doute sur cette explication, je ne veux point disserter.

C'en est assez, je pense, pour faire sentir que ce philosophe célèbre, s'il avait lu la Bible, aurait parlé un peu mieux que Bacon sur le *souffle*, et pour démontrer au moins que, même sans la Bible, l'esprit humain n'est pas tout à fait réduit à ne pouvoir se former *aucune idée* d'une substance étrangère à la *matière matériée*.

Et, parmi toutes les expériences qu'on peut faire sur la science et la bonne foi de Bacon, celle-ci est sans contredit l'une des plus remarquables.

Passant à l'origine du mouvement en général, je crois devoir d'abord exposer les idées d'Aristote sur ce point : en premier lieu, parce qu'il ne me serait pas possible de m'exprimer mieux; et secondement, parce qu'en réfutant une calomnie avancée par deux hommes distingués contre ce philosophe trop négligé de nos jours, la question en demeurera beaucoup mieux éclaircie. Nous entendrons parler ensuite Bacon et ses disciples.

Aristote, dans sa métaphysique, a posé les principes suivants :

« L'être-principe exclut de sa nature l'idée

« de la matière (1).... Ainsi le principe est es- « prit (2).... La matière ne peut être mue par « elle-même, mais seulement par une *puissance* « *artiste* (3). Ce principe doit être éternel et « actif.... Il y a des êtres qu'on peut appeler « *moyens*, parce qu'ils sont alternativement « mus et mouvants; d'où il suit qu'il doit y avoir « aussi quelque chose qui meuve sans être mu, « et que ce principe doit être éternel, sub- « stance et action (4). En lui donc la puissance « ne précède pas l'acte, puisque son action est « lui-même; s'il en était autrement rien n'au- « rait pu commencer (5). Il est ainsi démontré

(1) Ετι τοίνυν ταύτας δεῖ οὐσίας εἶναι ἄνευ ὕλης· ἀϊδίους γὰρ δεῖ, κ. τ. λ. (Arist. Metaph. lib. XII, cap. 5.) Τὸ δὲ τί ἦν εἶναι οὐκ ἔχει ὕλην τὸ πρῶτον· ἐντελέχεια γάρ. (Ibid. 8.)

(2) Αρχὴ ἡ νόησις. (Ibid. VII.)

(3) Οὐ γὰρ ἥ γε ὕλη κινήσει αὐτὴ ἑαυτήν, ἀλλὰ τεκτονική. (Ibid. cap. VII.)

(4) Αΐδιον καὶ οὐσία καὶ ἐνέργεια οὖσα. (Ibid. cap. VII.)

(5) Δεῖ ἄρα εἶναι ἀρχὴν τοιαύτην ἧς ἡ οὐσία ἐνέργεια... Αλλὰ μὴν εἰ τοῦτο (sc. πρότερον εἶναι τὴν δύναμιν) οὐδὲν ἔσται τῶν ὄντων. (Ibid. cap. VII.)

« qu'il existe un être éternel, immuable par « essence et séparé du sensible (1), et de ce « principe dépendent le ciel et la nature (2). « La vie lui appartient aussi par essence, car « l'action de l'intelligence est vie, et lui-même « est action ; et l'action par essence constitue « la vie excellente et éternelle de cet être.... « Nous pensons donc que Dieu est le VIVANT « éternel et très-bon auquel appartient la vie « et la durée sans fin ; car *Dieu n'est que vie et « éternité* (3). Il resterait à savoir s'il y a un ou « plusieurs principes des choses. Sur ce point « nous rappellerons seulement que ceux qui se « sont décidés pour la pluralité n'ont rien dit « de plausible (4) ;.... car le principe de l'exis- « tence ou l'être immobile, qui est la source

(1) Οτι γὰρ ἔστιν οὐσία τὶς ἀΐδιος καὶ ἀκίνητος καὶ κεχωρισμένη τῶν αἰσθητῶν, φανερὸν ἐκ τῶν εἰρημένων. (Ibid.)

(2) Εκ τοιαύτης ἄρα ἀρχῆς ἤρτηται ὁ οὐρανὸς καὶ ἡ φύσις. (Ibid. cap. VII.)

(3) Φαμὲν δὲ τὸν ΘΕΟΝ εἶναι ζῶον ἀΐδιον ἄριστον. (Ibid.)

(4) Ἀλλὰ μεμνῆσθαι τὰς τῶν ἄλλων ἀποφάσεις ὅτι περὶ πλήθους οὐδὲ εἰρήκασιν ὅ τι καὶ σαφὲς εἰπεῖν. (Ibid. cap. VIII.)

« de tout mouvement, étant pure action, et « par conséquent étranger à la matière, est « donc encore UN en raison et en nombre.... « Tout le reste n'est qu'une mythologie inven- « tée par la politique pour la croyance de la « multitude et pour le bien public (1). »

Dans le cours de ces trois chapitres, qui présentent sur l'origine du mouvement des principes un peu différents de ceux de Bacon, Aristote remarque avec une très-grande justesse *que les deux seuls mobiles de l'homme sont la*

(1) Τὸ δὲ τί ἦν εἶναι οὐκ ἔχει ὕλην τὸ πρῶτον· ἐντελέχεια γάρ. (Sup. p. 66, note 1.) EN μὲν ἄρα καὶ λόγῳ καὶ ἀριθμῷ τὸ πρῶτον κινοῦν ἀκίνητον ὄν. (Ibid. cap. VIII.) Τὰ δὲ λοιπὰ μυθικῶς ἤδη προσήχθη πρὸς τὴν πειθὼ τῶν πολλῶν καὶ πρὸς τὴν εἰς τοὺς νόμους καὶ τὸ συμφέρον χρῆσιν. (Ibid.)

Je ne prétends point examiner ici, après tant d'autres, quelle était la véritable opinion d'Aristote sur la première des questions; mais cependant, après qu'on a lu les textes précédents qui ne sont pas forgés, que penser d'un grave et sage philosophe qui nous dit sans balancer : *Les Epicure, les Démocrite, les Aristote, en un mot* LES ATHÉES, etc. (Précis de la Philos. de Bacon, tom. II, p. 187.) C'est ainsi que de nos jours les anciens sont connus et jugés! J'espère n'être point désavoué par les maîtres, si je doute que Clarke ait rien ajouté aux sublimes axiomes que je viens de citer.

vérité et l'amour (1) ; en effet, il ne s'agite que pour connaître ou pour jouir. Dans le fond même tout se réduit à l'amour, car l'homme ne poursuit que ce qu'il aime. Si l'on demande donc à Aristote *comment tout est mu par le principe immobile*, le philosophe répond : *Il meut comme l'objet aimé* (2).

A propos de ce texte, Le Batteux dit dans son bel ouvrage *sur le Principe actif de l'univers:* « Mosheim, dans ses notes sur Cudworth « (ad Cudw. in-f°, p. 187), explique le texte « d'Aristote d'une manière ingénieuse : *Il fal-* « *lait*, dit-il, *remonter à une première cause du* « *mouvement pour éviter le progrès à l'infini ;* « *donc il fallait un être mouvant sans être mu:* « *mais comment un être peut-il mouvoir sans* « *être mu lui-même? Aristote, n'ayant pas de* « *réponse, jette en avant la cause finale... C'é-* « *tait se tirer d'affaire avec adresse par de* « *belles paroles qui ne signifient rien* (3). »

(1) Τὸ ὀρεκτὸν καὶ τὸ νοητὸν κινεῖ οὐ κινούμενον. (Ibid. cap. VII.)

(2) Κινεῖ δὲ ὡς ἐρώμενον. (Ibid. cap. VII.)

(3) Huitième mémoire *sur le Principe actif de l'univers*.

Bacon n'aurait pas dit plus mal, et Le Batteux n'aurait pas dû s'en fier à Mosheim, qui le trompa complétement avec son *explication ingénieuse* qui calomnie Aristote, au lieu de l'expliquer. Il n'est pas question de *cause finale* dans tout ce qu'on vient de lire, et il est encore moins question d'expliquer ce qui est parfaitement clair. Ces paroles, *le principe meut comme l'objet aimé*, ne contiennent qu'une explication donnée en passant et par voie simple de comparaison. *Ce que vous aimez*, dit Aristote, *vous attire et vous meut sans se mouvoir : c'est ainsi que le premier moteur remue tout.*

Si ce sont là *de belles paroles*, on ne dira pas au moins qu'Aristote en abuse, puisqu'il n'en emploie que trois, KINI HOS EROMENON. Certainement il ne verbiage pas. *Aristote*, dit Mosheim, *n'avait pas de réponse.* Comment donc? Aristote ne pouvait répondre à cette

dans les Mémoires de l'Académie des Inscriptions et Belles-lettres, in-4°, tom. XXXII, p. 65.)

question : *Comment un être peut-il mouvoir sans être mu?* La réponse cependant se présente d'elle-même, et jamais elle ne changera : *Vous faites pitié ;* c'est tout ce qu'on doit répondre. *Un être matériel ne peut en mouvoir un autre sans être mu :* sans doute, mais ce n'est pas de quoi il s'agit. *Un être d'un ordre supérieur ne peut-il mouvoir un corps, sans être mu lui-même?* c'est la question, ou plutôt ce n'en est pas une. Aristote pose en principe que *la matière, comme matière, est purement passive, et que, dès qu'il s'agit d'action, on sort du cercle matériel; et cela se voit,* dit-il, *dans les ouvrages de l'art comme dans ceux de la nature : car ce n'est point le bois qui fait un lit, c'est l'art* (1); il ajoute : *La chaleur peut être considérée comme le feu dans la matière; mais si on la*

(1) Η ὕλη, ᾗ ὕλη, παθητικόν. (Arist. de Gener. et Corrup. lib. I, cap. VII.

Τῆς ὕλης τὸ πάσχειν ἐστὶ καὶ κινεῖσθαι· τὸ δὲ κινεῖν καὶ τὸ ποιεῖν ἑτέρας δυνάμεως. Δηλὸν δὲ καὶ ἐπὶ τῶν τέχνῃ, καὶ ἐπὶ φύσει φενομένων· οὔτε γὰρ αὐτὸ ποιεῖ.... Οὐ τὸ ξύλον κλίνην, ἀλλ' ἡ τεχνή. (Ibid. lib. II, cap. IX.) Τὸ μὲν πῦρ ἔχει ἐν ὕλῃ τὸ θερμόν· εἰ δέ τι εἴη χωριστὸν θερμὸν τοῦτο οὐδὲν ἂν πάσχει. (Ibid. loc. cit. lib. I, cap. VII.)

considère comme substance séparée, elle cesse d'être passive et n'est plus matière.

On vient de le voir employer toutes les forces de son esprit et toute la perfection de sa langue pour établir que le principe du mouvement est *un*, *immatériel*, *intelligent* et *substantiellement actif*. Que veut donc dire Mosheim, lorsqu'il avance sérieusement qu'*Aristote ne trouvait pas de réponse* à la question proposée ? Il cache ce que ce philosophe a dit, et il lui fait dire ce qu'il n'a pas dit : c'est une manière commode de juger les hommes.

Lucrèce disait après ses maîtres : *Toucher, être touché n'appartient qu'aux seuls corps* (1). Le même sophisme reparaît toujours, comme je l'ai observé ailleurs (2), quoiqu'il ne puisse faire illusion qu'à ceux qui veulent se tromper

(1) *Tangere enim et tangi, nisi corpus, nulla potest res.* On répétera éternellement cette insignifiante vérité, sans vouloir absolument s'apercevoir que personne ne la conteste, et qu'il s'agit de toute autre chose.

(2) *Précis de la Philos. de Bacon*, tom. II, p. 233.

eux-mêmes. Et depuis quand est-il défendu d'argumenter d'un fait incontestable sous prétexte que la cause en est ignorée ? L'homme ne comprend pas comment sa volonté agite son corps ; le fait en est-il moins incontestable et moins propre à nous conduire à l'origine du mouvement ? Joignez l'inertie de la matière, joignez l'impossibilité manifeste du progrès à l'infini, qui choque même la conscience du bon sens, et vous verrez qu'il n'y a rien de plus clair pour l'homme pur et sensé que l'origine immatérielle du mouvement.

Mais ce dogme, insupportable pour Bacon, ne l'est pas moins pour ses disciples. La philosophie moderne, en réfléchissant sur l'origine du mouvement, a conservé assez de conscience pour convenir que l'origine du mouvement doit être cherchée *hors de l'univers;* mais elle se garde bien de dire *hors de la matière :* il lui en coûterait trop de prononcer ce mot, et de rencontrer ainsi l'intelligence dont l'idée seule l'attriste et l'embarrasse.

« L'origine du mouvement, nous dit l'au-
« teur du *Précis de la philosophie de Bacon*,
« doit être cherchée, pour tous ceux qui ré-

« fléchissent, *hors de l'univers*, dont elle est « parfaitement distincte (1). »

Là-dessus on pourrait croire, au premier coup d'œil, que nous sommes tous d'accord, et que nous voilà enfin conduits à l'auteur unique de toutes choses; mais combien nous serions trompés!

Le traducteur de Bacon avait dit : *Lorsqu'on soutient que l'attraction agit sur* toutes *les parties de la matière, il ne reste plus rien qui puisse être cause de l'attraction : elle ne peut plus être* effet; *elle est nécessairement cause elle-même*.

L'argument est précis, et c'était le moment de parler clair, et *de rendre à Dieu ce qui est à Dieu*; mais nous allons entendre une réponse à laquelle on ne s'attendait guère.

Newton, dit le célèbre physicien interprète

(1) Lesage de Genève est le premier, je crois, qui a inventé cette puissance *ultra-mondaine*, qui recule Dieu sans oser tout à fait l'exclure. Ce physicien a fourni plusieurs idées *majeures* à l'auteur du *Précis*.

de Bacon, *s'est mis à l'abri de cette objection* en réservant (1) *une quantité de matière suffisante à produire son éther, qui devenait une cause extérieure de pression* (2).

En tout cela, comme on voit, pas le mot de *Dieu* ni d'*intelligence*. « Newton s'est mis en règle en *réservant* sa matière éthérée; » on ne s'élève point au-delà.

La bonne foi néanmoins eût exigé qu'en parlant de cet *éther* de Newton, on eût ajouté que, dans la préface de la seconde édition de

(1) Qui pourrait refuser un sourire à cette expression? On nous parle de Newton comme d'un créateur attentif à sa besogne et sachant ce qu'il fait. Au lieu d'employer imprudemment toute sa matière (d'où il serait résulté un monde immobile), il en RÉSERVE autant qu'il en faut pour son *éther*, qui remuera tout en pressant tout, comme il arrive toujours.

Ailleurs le même auteur nous dit que *Bacon n'a jamais* MANIFESTÉ *les causes finales dans l'univers*. (*Précis*, tom. II, p. 163, 233.) Il en parle encore comme d'un Dieu, tant il est pénétré de respect pour les physiciens et même pour ceux qui auraient envie de l'être.

(2) *Précis*, tom. II, p. 233.

son Optique, il dit expressément qu'il a présenté *une conjecture* sur la cause de la gravité, *pour montrer qu'il ne la prend point pour une propriété essentielle des corps;* qu'à la page 322 de ce même ouvrage il déclare qu'il ne décide rien sur la cause de la pesanteur : et qu'enfin dans ses Lettres théologiques, fort connues aujourd'hui, il déclare encore plus solennellement *qu'il laisse à ses lecteurs la question de savoir si l'agent de la gravité est matériel ou immatériel, et qu'une matière brute et inanimée ne peut, suivant lui, agir sur une autre sans un contact immédiat ou sans l'intermède de* quelque agent immatériel (1).

Après des aveux aussi exprès, je ne crois pas qu'il soit permis de changer une conjecture en système arrêté, et de l'attribuer sans

(1) Biblioth. britann. févr. 1797, vol. IV, n° 18 et no 30, p. 192. Lettres de Newton au Dr Bentley, 26 janvier 1692 et 11 février 1693. Les savants auteurs de ce journal relèvent justement l'erreur de d'Alembert, qui attribue à Newton l'opinion de la gravité essentielle que ce dernier désavoue expressément. Il serait temps, en effet, de n'y plus revenir.

restriction à un grand homme qui a dit tout le contraire.

Mais toujours il demeure démontré que l'interprète de Bacon n'a besoin de Dieu pour aucun phénomène de l'univers, puisqu'il suppose que, sans sa *matière réservée*, Newton n'aurait pu répondre à ceux qui lui auraient demandé la cause de la gravitation universelle, et qu'il n'a pas même supposé que l'auteur des *Principes* aurait pu en appeler à Dieu.

Mais l'*éther* de Newton (quel que soit le jugement qu'on en doit porter) n'étant point adopté par l'interprète de Bacon, quelle est donc cette *cause* merveilleuse, ce principe moteur, absolument *distinct de l'univers* et ignoré jusqu'à nos jours? — Ce sont les ATOMES GRAVIFIQUES, autrement dits ULTRA-MONDAINS. C'est *Lesage* de Genève qui le premier a découvert cette puissance, qui recule Dieu décemment sans l'exclure tout à fait. On appelle ces atomes *gravifiques*, parce qu'ils sont plus particulièrement les auteurs de la gravité; et on les appelle encore *ultra-mondains*, parce qu'ils *sont* ou qu'ils *étaient* placés hors de notre système (1). Ils furent UNE FOIS (2) lancés par le créateur, au commencement des choses; « ils sont les agents de « la *gravité*, de la *cohésion*, de l'*expansibilité*, « en un mot, de tous les mouvements *pure-* « *ment physiques* (3) qui ont lieu dans « l'univers. (4). »

Il y a plus : « la formation des *grands corps* « *dans l'espace* (5), le mouvement de rota-

(1) S'ils sont placés *hors de notre système*, ils sont donc placés *dans un autre*. — Et que font-ils là, bon Dieu? avec la force et le talent que nous leur connaissons, que ne peuvent-ils pas entreprendre? — Mais peut-être qu'ils sont placés entre système et système.

(2) Il ne faut pas passer légèrement sur ce mot UNE FOIS; il est classique et reparaît souvent. On n'ose pas tout à fait chasser Dieu de l'univers, mais on lui dit : *Agissez* une fois pour toutes, *nous voulons bien y consentir; donnez le premier coup, à la bonne heure; mais qu'ensuite il ne soit plus question de vous, s'il vous plaît.*

(3) On rirait mal à propos de cette expression *mouvements purement physiques* (comme s'il y en avait d'autres) : c'est une ellipse philosophique, qui signifie *mouvements produits par une cause purement physique*.

(4) *Précis*, etc., tom. II, p. 117, 123.

(5) Si l'on disait *ore rotundo* que *l'univers* a été *créé* ou

« tion et celui de projectile ont été produits « de même par une cause distincte de l'uni- « vers, » et Bacon pressentit cette découverte.

« Il ne doutait pas que, lorsque les hommes « feraient usage de tous leurs moyens, ils ne « parvinssent assez avant dans la connais- « sance de l'univers pour juger qu'il ne fut « pas formé *par des causes qu'il eût en lui- « même* (1). »

Tel est donc le dernier résultat de toute la métaphysique de Bacon tirée de ses propres paroles et de celles de ses fervents disciples.

produit, ou seulement *formé* par une force matérielle et aveugle, on pourrait choquer une foule d'oreilles encore mal apprivoisées; mais si, au lieu de l'*univers*, on dit seulement *les grands corps dans l'espace*, le synonyme choque moins. Les jurisconsultes romains ont fort bien dit : *Expressa nocent; non expressa non nocent.*

(1) Avec la permission de l'estimable auteur du *Précis*, jamais Bacon n'y a pensé : il extravaguait autrement. Néanmoins il est vrai que par ses principes généraux il est devenu, sans le savoir, le père des *atomes ultra-mondains*. Quel libertin connaît tous ses enfants ?

On ne saurait avoir une métaphysique saine avant de s'être procuré par d'immenses travaux une physique perfectionnée, qui est une science réelle. Le spectacle de l'univers ne prouve point un auteur intelligent; et nous n'avons pas le droit de voir une seule cause finale dans la nature, jusqu'à ce qu'on ait pénétré la profondeur et la hauteur *des mystères de la nature* (1), *jusqu'à ce que la physique ait prouvé que le premier moteur est étranger à l'univers.*

Mais lorsque la physique a fait enfin son chef-d'œuvre en prouvant ce grand théorème, que saurons-nous enfin ?

Nous saurons *que cette* cause, *tant et si péniblement cherchée, est un agent purement matériel, et que c'est lui qui a formé* les grands corps dans l'espace, *c'est-à-dire* l'univers.

(1) Mais quel temps n'a-t-il pas fallu pour que les observations et les expériences faites par la succession des hommes, étant rassemblées, combinées, généralisées, suivant les règles de Bacon (excellent !) nous aient rapprochés de cette hauteur et profondeur de la connaissance de la nature ? (Ibid. p. 233.)

Tous les athées en chœur adresseront de solennelles actions de grâces aux auteurs de cette noble théorie. Ils diront : « L'ordre de « la nature ne nous gêne plus ; par vous, la « question est portée au-delà de notre sys- « tème, dans un vide où les arguments man- « quent à nos adversaires. Que ne vous de- « vons-nous pas ? Vous avez chassé Dieu de « l'univers. »

Ce qu'il y a de curieux, c'est d'entendre l'auteur du *Précis de la Philosophie de Bacon* gronder sérieusement *M. Lasalle* ET SES SEMBLABLES (1), *qui veulent se passer d'une cause distincte de l'univers pour expliquer le mouvement des planètes* (2). Tout homme qui n'entendrait pas l'argot croirait qu'il s'agit ici de Dieu ; mais point du tout, il s'agit

(1) Expression très-dure et très-déplacée à l'égard d'un auteur vivant, et qui, dans une foule de notes jointes à sa traduction, a fait preuve d'un talent très-distingué, quoique très-malheureusement employé.

(2) *Précis de la Philosophie de Bacon*, tom. II, p. 210.

uniquement des *atomes gravifiques*. En vérité, ce n'était pas la peine de tancer le traducteur de Bacon, dont je suis certainement le *semblable*, si le *moteur matériel* et *ultra-mondain* lui paraît le comble du délire philosophique et la honte de l'esprit humain.

Il est bien remarquable qu'après avoir accordé à Newton une absolution plénière, fondée sur ce qu'il avait *réservé assez de matière pour faire mouvoir la matière* (1), le même auteur, ne se rappelant plus ou ne voulant pas se rappeler ce qu'il avait dit, observe « que Newton n'avait fait que reculer la dif-« ficulté au lieu de la résoudre, puisqu'on est « toujours en droit de lui demander quel est « le moteur de l'éther (2), » comme si la

(1) Ibid., p. 233.

(2) *Que je méprise ces philosophes qui, mesurant les conseils de Dieu à leurs pensées, ne le font auteur que d'un certain ordre général d'où le reste se développe comme il peut!* (Bossuet, *Oraison fun. de Marie-Thérèse d'Autriche.*) En effet, il n'y a rien de si petit que cette pensée, qui repose uniquement sur une grossière analogie du pouvoir humain.

même objection ne frappait pas sur le *moteur ultra-mondain*, ou comme si Newton n'avait pas eu assez d'esprit pour faire agir Dieu UNE FOIS! Nous sommes certainement autorisés à croire que la contradiction n'est qu'apparente, que ces mots *une fois* n'ont été mis là que pour adoucir la thèse et éviter le bruit, mais que, du reste, le moteur *authypostatique* n'a pas eu plus besoin de Jéhovah pour se mouvoir que pour exister.

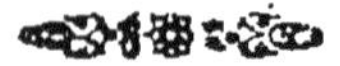

CHAPITRE IV.

DES SENS ET DU PRINCIPE SENSIBLE.

Ce n'était point assez pour Bacon d'avoir combattu l'immatérialité d'une manière oblique dans ses réflexions sur l'esprit ; son génie *matérié* le pousse encore à l'attaquer de front dans un ordre inférieur, où il ne se croyait nullement gêné. Voyons, d'abord, de quelle manière il envisageait les organes de la sensation.

« Il y a, dit-il, une très-grande analogie entre les affections des corps sensibles et celles des corps insensibles (1) : la seule différence qui les distingue, c'est que, dans les premiers, il y a un *esprit* (2). »

Parmi ces analogies, il cite celle de l'œil et du miroir (ou de l'eau) et celle de l'ouïe et de l'écho, qu'il appelle (l'écho) *un obstacle dans un lieu caverneux* (3).

A l'égard du tact en particulier, il observe sagement que les *corps morts* (c'est-à-dire *bruts*) peuvent être frappés, déchirés, brûlés,

(1) Bacon ne dit point, *entre l'animal et la matière brute*, mais *entre les corps sensibles et insensibles*. Ce qui ne paraît pas important l'est beaucoup. Il n'y a pas une ligne, dans toute cette théorie, qui ne mène au matérialisme.

(2) *Accedit spiritus.* — Pas davantage ! En effet, nous verrons que c'est très-peu de chose. (De sect. Corp. nº VIII. De cons. corp. *quæ sensu prædita sunt*, *etc.* Opp. t. IX, p. 123.)

(3) Il n'y a rien de si vague que ce mot d'*obstacle ;* car tout corps est *obstacle*, et tout obstacle n'est pas un *écho*. Où avait-il pris d'ailleurs que l'écho suppose une caverne ? Enfin, ce qui est plus essentiel, l'écho est l'image de la *parole* et non celle de l'*ouïe*. Bacon a l'art de condenser l'erreur avec son *froid potentiel*, et de se tromper de trois ou quatre manières dans la même ligne.

martelés, etc., tout comme l'animal; la SEULE différence entre les uns et les autres, c'est que dans les premiers l'action ne se manifeste que par l'effet (1), au lieu que dans le second elle ne se manifeste que par la douleur, à cause de l'*esprit* qui est présent partout (2).

Qu'est-ce donc qu'un sens? c'est un TROU qui laisse passer l'impression jusqu'à l'*esprit animal* (3). S'il y avait un *trou* derrière le

(1) Que veut-il dire? est-ce que la douleur n'est pas aussi un *effet?*

(2) *Permanante per omnia* SPIRITU. (Ibid., p. 133.) — Quelque faible reflet de la doctrine des alchimistes étant parvenu jusqu'à Bacon, il croyait *que tout corps renferme un esprit* ou une substance pneumatique. *Omne tangibile habet pneumaticum sive spiritum copulatum et inclusum.* (Hist. densi et rar., n° XII. Opp. tom. IX, p. 60.) Mais ce mot d'*esprit* désigne toujours sous sa plume une substance matérielle. L'*esprit* de la pierre ne sent pas, l'*esprit* d'un animal sent; c'est la *seule* différence, et c'est toujours de la matière.

(3) *Instantiæ conformes sunt speculum et oculus, et similiter fabrica auris et loca reddentia echo..... Nihil interest inter consensus sive sympathias corporum sensu præditorum et animatorum sine sensu*, NISI *quòd in illis accedat spiritus animalis ad corpus ita dispositum, in his autem absit; adeo ut, quot sint consensus in corporibus inanimatis, tot possint*

miroir, celui-ci serait un œil, pourvu seulement qu'il possédât une dose d'esprit animal, *quantùm sufficit;* et si l'œil au contraire n'avait pas le *trou* par derrière, il ne serait qu'un miroir (1), en dépit de l'esprit animal.

Combien un simple et honnête ignorant est supérieur à Bacon ! Qu'est-ce donc que cette fausse science qui se fatigue sans relâche pour se tromper et pour tromper? Qu'est-ce que cet art funeste d'embellir l'erreur, de la re-

esse sensus in animalibus, SI ESSENT PERFORATIONES, etc. (Nov. Org. lib. II, n° XXVII. Opp. tom. VIII, p. 126-127.)

(1) *Passiones corporum quæ sensu dotantur et quæ sensu carent, magnum consensum habent*, NISI *quòd in corpore sensibili accedat spiritus. Nam pupilla oculi speculo sive aquis æquiparatur;.... organum autem auditûs obici intra locum cavernosum conforme est, à quo vox et sonus optimè resultat.* (De Sect. corp., n° VII, loc. cit. p. 133.)

Belle analogie vraiment entre la *fabrique* qui reçoit la voix et celle qui la renvoie ! L'œil et le miroir sont tout aussi mal comparés. *Un miroir*, dit M. Lasalle, *ressemble à la prunelle, précisément comme un mur ressemble à une fenêtre* (Tom. VII, p. 435, n° 263.) — Et ailleurs : *Combien ces deux analogies, par lesquelles il se laisse éblouir, sont faibles et superficielles!* (Tom. V, p. 265.)

vêtir de couleurs poétiques, de la rendre plausible à force de faux esprit, de raisonnements sans raison et de fantastiques analogies? Ce qu'il y a de plus mauvais dans le monde, c'est le talent mauvais.

Mais ce qu'on vient de lire n'est qu'une espèce d'introduction à la théorie générale de Bacon. Nous allons l'entendre exposer sur le principe sensible des principes qu'il tâchera en vain de laisser en partie dans l'ombre : il faut les en tirer et les rendre visibles, au point que désormais il n'y ait plus, au moins sur le compte de ce grand histrion de la science, que des aveugles volontaires.

Bacon convient d'abord qu'on a beaucoup écrit sur ce sujet, c'est-à-dire tant sur les sens en général que sur les arts particuliers qui en sont l'objet, tels que la perspective et la musique (1). Cependant il remarque deux

(1) Mais tout de suite il ajoute : *Quàm verò nihil ad institutum!* (De Augm. Scient. lib. IV, cap. 3. Opp. tom. VII, p. 239.) Il est à naître que cet homme, dont la tête a réuni peut-être plus d'erreurs que tout autre tête humaine,

points capitaux de cette science que l'esprit humain a laissés totalement échapper dans toutes ses recherches sur les sens (1). Ces deux points sont, l'un la différence du sens et de la perception, et l'autre la *forme* ou l'essence de la lumière.

Ainsi, *le sens et le sensible* sont au nombre des facultés de l'âme inférieure ou sensible (2), et *l'essence de la lumière* est une partie capitale de la doctrine qui s'exerce sur ce sujet ; en sorte que la connaissance de la lumière est une branche de la théorie des sens.

La raison, au premier coup d'œil, est révoltée d'une telle classification ; mais lorsqu'on y regarde de près, on s'est bientôt convaincu

veuille convenir, sans restriction, que jusqu'à lui un autre que lui ait pu avoir raison.

(1) *Sunt tamen duæ partes nobiles et insignes quas in hâc doctrinâ desiderari statuimus: altera de differentiâ perceptionis et sensûs, altera de formâ lucis.* (De Augm. Scient. Ibid., p. 239.)

(2) *Ad facultates animæ sensibilis præcipuè spectat.... doctrina de sensu et sensibili.* (Ibid., p. 238.)

qu'il s'agit ici de tout autre chose que d'une absurdité.

L'*esprit* est un fluide ; la *lumière* est un fluide : pourquoi ne pas en traiter dans le même chapitre ? Pourvu qu'on mêle la matière à tout, et que par elle on explique tout, le but général est rempli.

« Les philosophes, nous dit Bacon, au-
« raient dû s'occuper avant tout de la diffé-
« rence qui a lieu entre la *perception* et le
« *sens ;* examen qu'ils ont négligé et qui forme
« cependant un des points les plus fondamen-
« taux de la philosophie (1). Nous apercevons,
« en effet, dans la presque totalité des corps
« naturels une faculté manifeste de *perception*
« et même d'élection, en vertu de laquelle ils
« se joignent aux substances amies et repous-
« sent les autres (2). »

(1) *Rem maximè fundamentalem.* (De Augm. Scient. lib. IV, tit. 3. Ibid., p. 239.)

(2) *Videmus enim quasi omnibus corporibus naturalibus inesse vim manifestam percipiendi, etiam electionem quamdam amica amplectendi, inimica et aliena fugiendi.* (Ibid.) M. Lasalle dit fort bien sur ce passage : *La perception se*

Il joue ici misérablement sur le mot de *perception* pour exprimer ce qu'on a nommé depuis *affinité* ou même *attraction élective;* et il en cite, ou il croit en citer plusieurs exemples, mêlant, par défaut d'instruction, des choses tout à fait disparates. Les premiers rudiments de la chimie enseigne ce phénomène des affinités que des observations plus exactes peuvent seulement soumettre à de plus grands développements. Mais Bacon, qui veut absolument se fabriquer une langue aussi vide que ses conceptions, et dégrader l'un après l'autre tous les mots qui représentent des idées immatérielles, Bacon, dis-je, est content s'il amène celui de *perception* à ne signifier plus que l'action physique d'un corps sur un autre.

« Nul corps, dit-il, rapproché d'un autre, « ne peut le changer ni en être changé sans

trouve partout pour ceux qui veulent l'y voir. (Tom. II. de sa trad. p. 19.) Il fait souvent justice de son auteur avec une impartialité qui n'est pas commune chez les traducteurs.

« une perception préliminaire et réciproque. « Le corps *perçoit* les pores par lesquels il « s'insinue ; il *perçoit* l'effort d'un autre corps « à qui il cède ; il *perçoit* l'éloignement de « celui qui le retenait et qui se retire ; il *per-* « *çoit* la division de sa masse totale, et lui ré- « siste pendant quelque temps ; enfin la *per-* « *ception* se trouve partout. L'air surtout a une « *perception* si exquise du froid et du chaud, « qu'elle surpasse de beaucoup celle du tact « humain, qui est cependant considéré comme « la mesure du chaud et du froid (1). »

Encore une fois de pareilles idées ne seraient que de pures extravagances, si elles ne se rapportaient pas à un but caché qui doit être mis dans le plus grand jour.

Qu'on se rappelle la doctrine sublime du *trou*. Bacon nous a dit qu'un sens n'est qu'un *trou* (2). Nous savons que, sans cette heureuse ouverture, un œil n'est qu'un miroir, et

(1) Ibid., p. 239.

(2) Sup., p. 87.

que par elle un miroir serait un œil. Cette doctrine se lie parfaitement, comme on le voit, avec celle des perceptions; et si ces différentes idées se trouvent séparées par de grands intervalles dans la masse des OEuvres de Bacon, c'est encore un de ses plus invariables artifices. Sur les points délicats, on le voit toujours disséminer ses pensées; nulle part il ne dit tout son secret, afin de pouvoir être entendu du lecteur intelligent, sans alarmer la foule. Mais il a été surtout très-parfaitement *perçu* par le XVIIIe siècle, qui ne lui pardonne ses erreurs ridicules que par amour pour ses erreurs pestilentielles.

Bacon reprochait donc aux philosophes deux grandes erreurs sur l'article des sens : la première, c'est que les uns ne s'en étaient presque pas occupés; la seconde, que les autres étaient allés trop loin *en accordant des sens à tous les corps* (1), de manière que, si l'on

(1) *Alia (culpa) quòd qui huic contemplationi fortè animum adjecerunt, longiùs quàm par est provecti sunt, et sensum* CORPORIBUS OMNIBUS *tribuerunt.* (De Aug. Scient. Ibid., p. 239-240.)

commet le crime de couper une branche d'arbre, on est exposé à l'entendre gémir comme celle de Polydore (1).

Ce double reproche n'a pas le sens commun; car tous les philosophes, physiciens, moralistes et métaphysiciens ont parlé des sens bien ou mal; et si le plus grand nombre d'entre eux a cru voir dans les plantes une *âme végétative*, c'est le comble de l'injustice de la changer en *âme sensitive* que les philosophes n'ont jamais attribuée à la plante, et moins encore à *tous les corps;* exagération si folle qu'elle n'a pas de nom.

Mais la vérité est la chose du monde la plus indifférente à Bacon; il n'a qu'un but, celui de poursuivre l'idée de l'immatérialité partout où il la trouve; elle le choque dans un chou comme dans un homme; et si, pour tourner en ridicule les philosophes qui ont imaginé une *âme végétative*, il ne faut que la changer en *âme sensitive*, c'est un simple tour de main

(1) Virg. (Æn. III, 22 et sqq.)

qui n'effraie nullement la conscience de Bacon. Ecoutons le reste de son accusation contre les philosophes :

« Ils auraient dû comprendre la différence « du sens et de la perception... Mais les hom« mes n'ont pas su discerner avec assez de « finesse ce que c'est que l'action du sens ; « quelle espèce de corps, quel espace de temps « et *quel renforcement d'impression* sont re« quis pour que la douleur ou le plaisir s'en« suivent (1)! »

Ce texte est un des plus précieux qui soient échappés à la plume de Bacon. On voit maintenant toute sa théorie de la sensibilité. *Pourvu qu'un corps soit bien disposé*, *pourvu que l'action du sens ou la perception soit durable et vigoureuse*, la douleur ou le plaisir naîtront dans ce corps, comme la chaleur ou l'électricité. Les philosophes semblent n'avoir nulle-

(1) *At debuerant illi differentiam perceptionis et sensûs.... animadvertere.... Verùm homines non satis acutè qualis sit actio sensûs viderunt, atque quod genus corporis, quæ mora, quæ conduplicatio impressionis ad hoc requiratur ut dolor vel voluptas sequatur.* (Ibid.)

ment compris *la différence de la perception simple et du sentiment* (1), *ni comment l'une ne suppose nullement l'autre;* cependant ceci n'est qu'une question de mots. Qu'on s'en occupe donc comme d'un objet de la plus haute importance par son utilité et ses nombreuses conséquences (2), puisque l'ignorance de certains philosophes les a égarés au point de les faire croire à une âme *versée* dans tous les corps sans distinction. Ce qui les trompait à cet egard, c'est qu'ils ne voyaient pas que le mouvement, *même du choix*, ne suppose point le sentiment, NI LE SENTIMENT DE L'AME (3).

(1) *Differentiam inter perceptionem simplicem et sensum nullo modo nosse videntur, nec quatenus fieri possit perceptio absque sensu.* (De Augm. Scient. Ibid., p. 241.) Quoi donc! aucun philosophe n'a conçu que le sel et l'eau, etc., peuvent s'attirer sans en avoir le sentiment? Ceci ne peut être une erreur de la part de Bacon : c'est nécessairement quelque chose de pis.

(2) *Doctrina imprimis utilis* et ad plurima spectans. (Ibid., p. 240.) Sans doute! elle a d'immenses conséquences, et Bacon n'écrit que pour ses conséquences.

(3) *Neque videbant quo modo motus cum discretione fieri*

Le grand mot est enfin prononcé. Après ce mot, Bacon nous dit sans autre transition : *Quant à la forme de la lumière, etc.;* et après avoir consacré à ce sujet (l'essence ou la *forme* de la lumière) une de ses pages les plus insensées, il termine par ces incroyables paroles :

Voilà ce que j'avais à dire sur la substance de l'âme tant raisonnable que sensible (1) : de sorte qu'en parlant de l'essence de la lumière, il entend avoir parlé de l'essence de l'âme, *même raisonnable!* Voici donc, en peu de mots, le résumé de toute sa doctrine sur l'âme et sur les sens.

potuerit absque sensu, AUT SENSUS ADESSE SINE ANIMA. (Ibid.)

Le sentiment est à l'âme sensible ce que la pensée est à l'âme raisonnable. Elle est *en elle*, ou elle est *elle*. Par conséquent, dire que le *sentiment ne suppose pas un principe ou une âme sensible*, c'est dire que le sentiment ne suppose pas le sentiment, et que l'âme sensible peut exister sans âme sensible.

(1) *Atque de doctrinâ circa substantiam animæ* tam rationalis quàm sensibilis.... *hæc dicta sunt;* dernières paroles du morceau sur la *forme* de la lumière. (De Augm. Scient. lib. IV. cap. 3. Opp. tom. VII, p. 242.

« Tout corps tangible recèle un *esprit* (1).
« Cet esprit n'est point une vertu, une éner-
« gie, une entéléchie, ou autre folie de ce
« genre (2). »

« Les observateurs superficiels ont appelé
« les *esprits* AMES, comme ils prennent une
« perspective pour une réalité (3). La vérité
« est que l'*esprit* est un corps absolument
« semblable à un autre (4), *excepté qu'il est*
« *différent* par sa ténuité et son invisibilité : il
« est analogue à l'air, mais il en diffère extrê-
« mement (5). »

« Il y a deux esprits dans l'univers, le vital

(1) Hist. vitæ et nec. can. II. Opp. tom. VIII. p. 451.

(2) *Non est virtus aliqua, aut energia, aut entelechia, aut* NUGÆ. (Ibid.)

(3) *They call them* SOULS, *and such superficial speculations they havve, like perspectives that shew things inward when they are but paintings.* (Natur. hist. Cent. I, n° 98. Opp. tom. I, p. 290.

(4) PLANÈ *corpus, tenue, invisibile; attamen...., reale.*

(5) *Cognatum aeri, at multùm ab eo diversum.* (Tom. VII, loc. cit.)

« et le *mortual*. Tout corps animé ou vivant « les possède tous les deux : le premier, qui « est celui dont il vient de parler, en sa qua- « lité simple de corps tangible ; et le second, « en sa qualité particulière d'être vivant. Ces « deux esprits diffèrent surtout en ce que l'es- « prit *mortual* est un fluide discret, de ma- « nière que ses différentes parties peuvent se « trouver mêlées sans se toucher avec les « parties des corps solides, où l'esprit est en- « fermé comme dans un étui(1), ou comme l'air « est mêlé dans l'écume et dans la neige (2). « Au contraire l'esprit vital est continu, au « moyen de certains canaux qu'il parcourt « sans la moindre solution de continuité. Cet « esprit se divise en rameux et cellulaire. Le « premier court en petits ruisseaux dans tou- « tes les parties du corps qu'il anime ; l'autre « est ramassé dans certaines petites cellules, « espèces de réservoirs qui fournissent aux

(1) *As in an integument.* (Nat. hist. loc. cit. p. 290.)

(2) *Quemadmodum aer permixtus est in nive aut in spumâ.* (Hist. vitæ et nec., ubi sup. not 109, p. 453.)

« ruisseaux (1). » (Il les a vus sans doute.)

Observez l'art perfide de Bacon ! *L'esprit vital* n'est point assez grossier pour sa grossière imagination ; c'est l'*esprit mortual* ou le simple gaz qu'il prend pour l'*âme sensible*. A ce fluide commun appartiennent toutes les fonctions animales, l'attraction, la digestion, l'assimilation, etc., ET MÊME LE SENTIMENT (2) ; et pour ne laisser aucun doute sur ses intentions, il ne traite de l'esprit vital qu'après nous avoir débité son extravagante doctrine sur l'esprit commun de tous les corps, ou l'*esprit mortual*.

De plus, c'est dans l'ouvrage *sur l'Avance-*

(1) *Alter ramosus tantùm ;... alter habens etiam cellam... atque in illâ cellâ est fons rivulorum.* (Ibid. p. 453.)

(2) *Attractio, retentio, digestio, assimilatio, etc.* ETIAM SENSUS IPSE. (Ibid. p. 454.) Il faut observer que, dans le passage anglais qui répond à ce texte, Bacon ne nomme point le *sentiment*. (Nat. hist. cent. I, n° 98. tom. I, p. 290.) Il avait d'abord écrit en anglais, ensuite il se traduisit lui-même comme on le voit dans sa lettre à son ami le P. Fulgence, Italien. (Opp. Tom. X, p. 330.) Souvent il est moins hardi dans la partie anglaise, parce qu'il se défiait encore un peu de ses Anglais, qu'il ne croyait pas mûrs

ment des sciences (1) qu'il se fâche contre l'*entéléchie*, et qu'il affirme qu'on s'est trompé sur l'âme sensible *parce qu'on l'a prise pour une entéléchie, au lieu de la reconnaître pour une substance;* et c'est dans l'*Histoire de la vie et de la mort* (2) qu'il ramène son entéléchie, pour nous dire que l'*âme sensible n'est qu'un gaz commun à tous les corps même inanimés.*

Alors il ne lui restera plus qu'à nous dire, dans un troisième volume (3), « que les *vertus* « et les *natures*, c'est-à-dire les *âmes* (car il « faut savoir lire), mises à la place de ce « fluide, sont des *êtres de raison* (4). »

Qu'on se rappelle encore *que la connaissance de l'âme est une science* abrupte *qui n'appartient qu'à la théologie; que Dieu forma du limon de la terre, non* le corps de l'homme, *mais* l'homme même; *que l'âme raisonnable est le*

(1) Lib. IV, cap. 3. Opp. tom. VII, p. 238.

(2) Tom. VIII. Opp. 453.

(3) Nat. Hist. cent. I, n° 98, Opp. tom. I. p. 294.

(4) *Logical words.* (Ibid.)

souffle *ou le* spiraculum *de la Bible*, *tandis que la Bible désigne par ce mot* l'âme vivante *ou* l'animal; *que l'homme ne peut connaître par sa raison que la matière seule et* les matrices élémentaires; *que l'âme sensible*, *la vie*, *ce qui connaît*, *ce qui aime*, *ce qui veut n'est que de la matière* matériée; *que l'intelligence*, *la raison et l'appétit sont des facultés qui appartiennent à la même substance*, *et qu'il faut en rechercher l'origine d'une manière physique; que le principe du mouvement spontané est purement matériel; que les sens ne sont que des trous; que tous les corps sont capables de* perception, *et que*, *pour changer une* perception *en* sentiment, *il suffit de frapper plus fort ou plus longtemps; que la* lumière *enfin qui éclaire nos yeux et la* lumière *qui éclaire notre intelligence sont deux fluides qui ne diffèrent qu'en ténuité*, *et qui doivent être considérés et examinés comme deux espèces du même genre*, *comme deux vins inégalement fumeux*. Et je demande à la conscience de tout lecteur si jamais l'on a eu connaissance d'une introduction au matérialisme travaillée avec une plus détestable habileté!

Quant aux belles citations de la Bible, accompagnées de pompeuses déclarations sur l'excelcence de l'âme raisonnable et sa supériorité sur l'âme animale (1), tout ce verbiage orthodoxe ne prouve, à l'époque où écrivait Bacon, que la prudence de l'auteur et l'aversion très-excusable de l'*âme sensible* pour le fagot.

(1) *Plurimæ enim et maximæ sunt animæ humanæ præcellentiæ supra animas brutorum etiam philosophantibus secundùm sensum manifestæ.* (De Aug. Scient. lib. IV, cap. 3. Opp. tom. VII. p. 234.)

CHAPITRE V.

DE LA MATIÈRE ET DU PRINCIPE DES CHOSES.

C'est un des grands axiomes de Bacon, et sur lequel il ne cesse d'insister, QU'IL VAUT MIEUX DISSÉQUER LA NATURE QUE L'ABSTRAIRE (1).

Le docteur Shaw, qui a publié en anglais toutes les OEuvres de Bacon (2), nous dit ici

(1) Meliùs est naturam secare quàm abstrahere; *id quod Democriti schola fecit, quæ magis penetravit in naturam quàm reliquæ*. (Nov. Org. lib. I, n° LI, Opp. tom. VII, p. 72.)

(2) Londres, 1802; 12 vol. in-12.

dans une note, où il croit expliquer la pensée de son auteur : *C'est-à-dire qu'il vaut mieux faire des expériences que de contempler et de raisonner sur des idées générales séparées de l'observation* (1).

On voit, au premier coup d'œil, que le docte traducteur n'a pas compris Bacon, ou n'a pas voulu l'expliquer.

L'antique philosophie voyait trois choses dans les corps : la matière, la forme, et ce qui résultait de leur union. Elle contemplait la matière primitive ou première, séparée de toutes les formes qui constituent les corps et de toutes les forces qui les animent. Ils avaient donné à cette matière abstraite un nom qui manque dans le latin comme dans nos langues modernes (*hylé*), et que nous avons remplacé par l'expression de *matière première*. Or, Bacon

(1) Ibid. tom. III, sect. II, § 14, p. 21. M. Lasalle énonce un même avis. *Bacon*, dit-il, *voulait dire.... qu'il faut observer au lieu de raisonner.* (Note sur ce même § LI.) Mais Bacon avait bien d'autres idées, et le lecteur en jugera bientôt.

était grand ennemi de cette abstraction ; il voulait bien qu'on disséquât la matière à la manière des anatomistes, mais c'était à condition de la prendre toujours *comme elle est* (c'est son expression), c'est-à-dire sans la séparer de ses forces actives (1). Il faut, dit-il, considérer la matière avec ses formations, ses transformations, son acte pur et la loi de cet acte qui est le mouvement; car les formes ne seront plus que des fantômes de l'esprit humain, si par ce mot de *forme* on n'entend pas *la loi de l'acte pur*, ou le mouvement (2).

Il n'y a rien, d'ailleurs, de si plaisamment triste que l'affectation visible de Bacon d'appliquer à la matière toutes les expressions qui

(1) Toute la philosophie de Bacon tend à faire envisager le mouvement comme essentiel à la matière.

(2) *Materia potiùs considerari debet, et ejus schematismi atque actus purus, et lex actûs sive motûs : formæ enim commenta animi humani sunt, nisi libeat leges illas actûs, formas appellare.* (Nov. Org. lib I, n° LI.) — Or, nous avons vu que la forme est l'essence de la chose même (*ipsissima res*); DONC le mouvement appartient à l'essence de la matière.

appartiennent au sentiment. Ainsi, dans le mouvement qu'il appelle *de liberté*, les corps *fuient*, *rejettent*, *abominent* toute sorte de changement, et ils s'efforcent de tout leur pouvoir de revenir à leur premier état (1); au contraire, dans le mouvement *hylique*, les corps *désirent ardemment* une nouvelle sphère d'activité (2). Si vous tirez l'air d'un vase, il est saisi tout à coup d'un très-grand *désir* d'y rentrer (3). Le contraire arrive si la chaleur s'en mêle : *il désire* alors de se dilater ; *il convoite* une plus grande sphère (4), et la remplit *volontiers* (5). Sous cette nouvelle forme il est content, et ne se *soucie plus* d'en changer, à moins qu'il n'y soit

(1) *Exhorrent, respuunt, fugiunt,... totis viribus contendunt.* (Ibid, lib. Opp. II, tom. VIII, p. 183.)

(2) *Novam sphæram* appetunt, *atque ad illud libenter et properè, et quandoque valentissimo nixu....* properant. (Ibid.)

(3) *Magno laborat desiderio se ipsum restituendi.* (Ibid.)

(4) *Appetit dilatari et concupiscit novam sphæram.* (Ibid. p. 183.)

(5) *Migrat in illam libenter.* (Ibid.)

invité par le froid (1). (Affaire de politesse comme on voit).

L'eau présente absolument le même phénomène. Si on la *cogne* par la compression, elle *regimbe* d'abord (2) et demande d'être ce qu'elle était, c'est-à-dire plus volumineuse; mais si le froid arrive, il en obtient encore tout ce qu'il veut; et s'il vient même à s'obstiner, il arrive ce que nous avons vu précédemment, c'est que l'eau, qui s'est déterminée *volontairement* (3) à la forme solide, et qui s'y est accoutumée, ne veut plus dégeler; et de là viennent nos lustres (4)!

Bacon ne dira point *si l'eau* POUVAIT, mais *si l'eau* voulait *se dilater* (5); et, en général,

(1) *Nec de reditu* CURAT, *nisi per admotionem frigidi ad eam invitetur*. (Ibid.)

(2) RECALCITRAT *et* VULT *fieri qualis sit, id est latior*. (Ibid.)

(3) *Mutat se sponte suâ et libenter*. (Ibid.)

(4) *Vertitur in crystallum, nec unquam restituitur*. (Ibid.)

(5) *Si aqua* VELLET *se dilatare*. (Ibid. p. 182.) — Il dit aussi de l'air : *si aer* VELLET, etc. (Ibid.)

les désirs de la matière jouent un rôle dans sa philosophie (1).

De ce même principe qui attribue tout à la matière dérive le grand avertissement *de ne jamais chercher l'explication des phénomènes dans les principes tranquilles, mais dans les principes agités. S'occuper*, dit-il, *des principes tranquilles, c'est l'affaire de ces vains discoureurs qui ne pensent qu'à nourrir les disputes* (2).

Et le commentateur de Bacon a beaucoup appuyé sur ce point. *Il attachait*, dit-il, *un très-grand prix à la configuration des particules et à leur mouvement... Il voulait qu'on ne cherchât point les causes dans les principes tranquilles, mais dans les principes agités* (3).

(1) *Desideria materiæ in utroque globo.* (Descript. Globi intellect. Opp. tom. IX, p. 209.) — *Spiritûs* (qui quidem corpus est materiatum) *desideria duo sunt, etc., etc.* (Hist. vitæ et nec. Can. VII. Opp. tom. VIII, p. 454.)

(2) *Quieta rerum principia contemplari aut comminisci eorum est qui sermones serere et disputationes alere velint.* (De Sect. Corp. § III. Opp. tom. IX, p. 124.)

(3) *Précis de la Philosophie de Bacon*, tom. I, p. 65. Lesage cité, Ibid.

Que signifie donc ce grand *arcane* philosophique ? Voudrait-on dire, par hasard, *que rien ne s'opère dans la nature sans mouvement ?* non sans doute : ce n'est pas une vérité aussi triviale qu'on vient nous révéler avec un ton l'hiérophante ; c'est le *mouvement essentiel* qu'on nous indique ici comme l'unique moyen de parvenir à la connaissance des *causes*, et nous verrons bientôt que ces *causes* nous dispensent d'en chercher une autre.

Bacon accuse la mécanique d'avoir introduit dans le monde *ces* opinions fantastiques sur les principes des choses (1), et il ajoute doctement : *Sait-on composer la thériaque parce qu'on en connaît tous les ingrédients* (2)? C'est un fort

(1) Ces *opinions!* — Quelles opinions? il valait bien la peine de le détailler ; mais il ne peut souffrir de parler clair. Un voleur de nuit se garde bien de porter la lumière.

(2) Je passe sur l'absurdité qui nous donne la confection de la thériaque comme un exemple de *mécanique*. — D'ailleurs le pharmacien, qui connaît *tous les ingrédients* d'un remède, ne tardera pas de le composer. Les raisonnements de Bacon sont ordinairement faux de deux ou trois manières. Il a bien raison de dire du mal de la logique : c'est sa plus mortelle ennemie.

bel exemple et très-bien appliqué : mais il ne s'agit ici que d'expliquer l'énigme. Quel tort avait donc cette malheureuse mécanique, et comment l'univers lui devait-il de si grandes erreurs? C'est qu'elle tenait obstinément au *grand ressort*, et qu'elle refusait de concevoir aucun mouvement sans un moteur étranger au corps mu. Voilà le crime que Bacon ne lui pardonnait pas, et il nous avertissait de recourir aux *principes agités*, c'est-à-dire doués d'un mouvement propre et essentiel. « Les « hommes, dit-il, tournent toutes les forces « de leur esprit vers la recherche de l'exa- « men des *principes morts :* c'est comme si, « au lieu d'examiner les facultés et les puis- « sances de la nature vivante, on s'amusait « à faire l'anatomie de son cadavre (1). Mais « quant aux principes moteurs (2), on n'en

(1) Qu'est-ce que le cadavre de la nature ? et comment peut-on en faire l'anatomie?

(2) *De* moventibus *rerum principiis sermo ferè in transitu habetur.* (De Sect. Corp. loc. cit. p. 125.) — Bacon ne pouvait exprimer d'une manière moins équivoque le *mouve-*

« parle qu'en passant ; en sorte qu'on ne sau-
« rait s'étonner assez de l'extrême négligence
« avec laquelle on s'occupe *de la plus grande*
« *et de la plus utile des choses* (1). Les hommes
« n'ont dit jusqu'à lui, sur cette grande ques-
« tion, que des mots dépourvus de sens : rien
« de tout cela **NE SERRE LA NATURE AU**
« **CORPS** (2). Laissant donc toutes ces fadaises
« au peuple, attachons-nous uniquement *à*
« *ces* **DÉSIRS**, *à ces* **INCLINATIONS** *de la ma-*
« *tière qui produisent tout ce que nous*
« *voyons* (3). Essayons de lier la nature comme

ment-principe que par le mot *moventibus*, épithète exclusive de toute idée passive.

(1) *Res omnium maxima et utilissima.* (Ibid.)

(2) *Hæ: nihil admodum de corpore naturæ stringunt.* (Ibid.)

(3) *Itaque, his missis, vel ad populares sermones damnatis et relegatis, illi demum rerum* APPETITUS *et* INCLINATIONES *investigandæ sunt à quibus, etc.* (Ibid. p. 126.) Et ce même homme, qui nous montre ici les *désirs* et les *inclinations* de la matière comme l'unique objet de nos recherches, gronde l'école à la page précédente, et s'écrie d'un ton de régent : *Que signifient* la haine *et* l'amour *des atomes ? la sympathie et l'antipathie des êtres, lis et amicitia,.... sym-*

« un autre Protée ; car les différentes espèces « de mouvements bien distingués sont les vé- « ritables liens qui peuvent l'assujettir, et « nous mener, si nous savons les employer « suivant l'art, *au pouvoir de changer et de* « *transformer la matière* (1). »

On ne sait par où commencer l'examen de cette révoltante tirade. Que signifie, d'abord, ce reproche absurde fait aux hommes d'avoir perdu leur temps à l'examen des *principes morts?* Qu'est-ce qu'un *principe mort?* S'il est *principe* il n'est pas *mort*, et s'il est *mort* il n'est pas *principe*. C'est une contradiction dans les termes, c'est un cercle carré. Toute opération de la nature suppose le mouvement. Si le principe est alternativement en mouvement et en repos, il ne fallait pas en faire deux classes ; et

pathiæ et antipathiæ rerum. (p. 125.) C'est l'excès du ridicule.

(1) Tel est le sage, noble et unique but de toute la philosophie de Bacon; la découverte d'une véritable alchimie. Il espérait que le bon Dieu, Père, Fils et Saint-Esprit, nous permettrait de découvrir les *formes*.

si le *principe* est toujours agité par essence, le principe mort n'est plus principe, et Bacon ne se serait pas entendu lui-même, ce qui lui arrive très-souvent.

Mais je crois que malheureusement il s'est très-bien entendu. Par les *principes morts* Bacon entend les atomes *abstraits*, c'est-à-dire considérés comme indifférents au mouvement et au repos, et attendant tout de la *forme* et d'une action étrangère; c'est ce que Bacon appelle des *principes morts*, et il s'étonne que les hommes aient été assez insensés pour imaginer quelque chose de semblable, au lieu de s'occuper des *principes vivants* ou *agités*, qui ont produit tout ce que nous voyons au moyen du mouvement qui appartient à leur essence.

Et cette coupable sornette, répétée jusqu'à la satiété par tous les mécréants de l'univers, depuis la *Nature des choses* jusqu'au *Système de la nature*, c'est ce que Bacon appelle la plus grande et la plus utile des choses, c'est ce qu'il nous propose, *velut ex tripode*, comme une de ses idées les plus importantes et les plus originales.

Mais le chef-d'œuvre de Bacon dans ce genre, c'est-à-dire le chef-d'œuvre du mal, c'est son *exposition des pensées de Parménide, de l'Italien Bernardino Telesio, et surtout de Démocrite sur les principes et les origines, d'après la fable antique de Cupidon et du Ciel* (1).

Je ne crois pas que nulle part ailleurs il soit possible de trouver plus d'erreurs, plus de principes dangereux, plus d'intentions perfides avec plus de talent pour les montrer en les cachant.

On sait ce que les théogonies poétiques nous ont appris sur l'antique Cupidon : « Il fut le « plus ancien des dieux ; et par conséquent il « précéda tout, excepté le Chaos, dont il pas« sait pour le contemporain. Cupidon n'avait « point de père. Mêlé au Ciel, il produisit les « dieux et tous les êtres de l'univers. Quel« ques-uns cependant disent qu'il naquit d'un

(1) *De principiis atque originibus secundùm fabulas Cupidinis et Cœli ; sive* Parmenidis *et* Telesii, *et præcipuè* Democriti, *philosophia tractata in fabulâ de* Cupidine. (Opp. tom. IX, p. 317 sqq.)

8.

« œuf couvé par la Nuit. Il est toujours enfant ; « il est aveugle, nu, ailé et *sagittaire*. Sa force « se dirige surtout à l'union des corps. On lui « déférait les clefs du ciel, de la terre et des « mers (1). »

Avant d'exposer le sens de cette fable, où, sous le masque transparent de Parménide, de Telesio et de Démocrite, il n'expose cependant que ses propres idées, Bacon prend ses précautions à l'ordinaire. *Il faut bien se rappeler en premier lieu*, nous dit-il, *que toute la doctrine exposée dans ce traité n'est appuyée que sur l'autorité de la raison humaine et des sens, dont les oracles affaiblis et expirants sont rejetés justement depuis que les hommes en ont entendu de meilleurs et de plus certains de la part du Verbe divin* (2).

(1) Ibid., p. 117.

(2) On ne sait comment exprimer le mépris dont on est pénétré, en considérant que ces paroles partent du même hypocrite qui s'est déclaré ailleurs *le pontife religieux des sens*, qui nous a dit *qu'il n'y a rien hors de la nature, et que tout doit être rapporté aux sens sous peine d'extravaguer*.

Après ce petit préambule de sûreté, Bacon entre en matière. « Le chaos, dit-il, con-
« temporain de l'amour, figure l'universalité
« de la matière première encore dénuée de
« forme (1), et l'amour signifie la matière elle-
« même, son essence et sa force, en un mot,
« les principes des choses (2). L'amour n'a
« point de parents, c'est-à-dire point de cause;
« en effet, il ne peut y avoir dans la nature
« (car nous exceptons toujours Dieu) aucune
« cause de la matière première, de sa force
« et de son action propre, puisqu'il n'y a rien
« avant elle, ni de plus connu qu'elle, ni par
« conséquent aucune cause efficiente au-des-
« sus d'elle (3). »

(1) *Congregationem materiæ inconditam.* (Ibid., p. 318.)

(2) Le chaos représente *la matière sans forme (incondita)*, et l'amour représente *la matière elle-même ;* cela ne se conçoit pas trop, à moins que Bacon n'ait voulu opposer purement et simplement la matière première ou *chaotique* à la matière ordonnée, telle que nous la voyons; mais, dans ce cas, il eût fallu le dire.

(3) Bacon commence à parler clair, et personne ne sera la dupe de sa pieuse parenthèse, *Nous exceptons toujours Dieu.*

Arrêtons-nous un instant devant une réflexion qui se présente d'elle-même. Conçoit-on qu'un homme, jouissant du sens commun, ait pu dire sérieusement *qu'il est impossible de trouver* dans la nature une *cause à la matière?* Est-ce que la matière, par hasard, ne serait pas *dans la nature?* C'est donc comme si Bacon avait dit que la nature ne peut être cause de la nature, ou la matière cause de la matière.

Mais qu'on ne s'y trompe pas : l'absurdité n'est que sur le papier et nullement dans l'esprit de Bacon. Il a dit beaucoup d'absurdités sans doute, et il en a dit d'énormes ; mais cellelà est impossible. Ces mots *dans la nature* sont jetés dans le discours pour tranquilliser le soupçon ; en les faisant disparaître ainsi que la parenthèse ridicule, le sens sera très-condamnable, mais très-clair ; et par conséquent ce sens est le sien. Il a bien su renfermer toute

Qui a jamais douté que, si la matière a été créée, elle l'ait été par Dieu? Mais Bacon est plein de ces traits qui sont gauches pour les hommes intelligents et suffisamment fins pour les autres.

sa pensée en quatre mots, qu'il a placés dans l'ombre, suivant sa coutume, mais qu'il ne tient cependant qu'à nous d'y voir distinctement : IL N'Y A RIEN DE PLUS CONNU QUE LA NATURE (1). Ce mot est profond, car il signifie qu'on ne peut raisonnablement chercher une cause moins connue que les agents connus (2). Continuons.

« Quelle que soit donc cette matière, et « quelles que soient sa force et son opération, « c'est une chose *positive* et *sourde* qu'il faut « prendre *comme elle est*, et qu'il ne faut « point juger d'après quelque notion précé- « dente,... puisque la matière est *après Dieu* « LA CAUSE DES CAUSES (3), et qu'elle-

(1) NEC ALIQUID NATURA NOTIUS. (Ibid., p. 318.)

(2) *Nihil enim hâc ipsâ prius* : ITAQUE, *efficiens nulla*. (Ibid.)

(3) *Causa causarum, ipsa incausabilis.* (Ibid., p. 318.) Imagine-t-on quelque chose de plus insolent que la profanation de ce titre de *cause des causes*, exclusivement attribué par le consentement de tous les hommes à l'Être-principe, *au réalement étant, qui par un seul maintenant remplit le toujours*? (Plut. Dissert. sur le mot EI. Trad. d'Amyot.) C'est sa chère matière, c'est son ridicule Cupidon que Bacon

« même ne saurait être produite (1). En effet, « les causes sont un terme vrai et certain « dans la nature ; et comme il y aurait de l'i- « gnorance et de la légèreté, lorsqu'on est « arrivé à la dernière force et à la loi positive « de la nature, de chercher encore ou de rê- « ver une cause antérieure, il n'y en aurait pas « moins à ne pas chercher la cause de toutes « les choses subordonnées. Les anciens sages « établirent donc, dans leur style allégori- « que, que *l'amour n'a point de père*, c'est-à- « dire point de cause. *Et qu'on ne prenne pas* « *ceci pour rien* (2), car c'est au contraire la « chose du monde la plus importante. En

décore aujourd'hui de ce titre. La phrase postiche *après Dieu* ne saurait tromper personne. Celui qui dit *la cause des causes après la cause des causes* est un sot ou quelque chose de pire. Ici il n'y a pas à balancer.

(1) *Ipsa incausabilis*... (Ibid., p. 318. Bacon, qui forgeait un mot, aurait bien pu dire *incausata;* mais non, il fait un mot qui, pour une oreille latine, exclut plus particulièrement la supposition possible d'une cause antérieure.

(2) Bacon a raison : aucun tribunal, auquel on déférera cette doctrine, ne dira, s'il est sage : *Ce n'est rien.*

« effet, rien n'a corrompu la philosophie plus « radicalement que cette recherche des *pa-* « *rents de Cupidon* (qui est la matière *elle-* « *même*); c'est-à-dire que les philosophes, « au lieu de recevoir et d'embrasser les prin- « cipes des choses, *comme ils se trouvent dans* « *la nature* (1), d'après une doctrine positive « et sur la foi de l'expérience, les ont cher- « chés tantôt dans une science de mots, ap- « puyée sur de petites ergoteries dialectiques « et mathématiques, et tantôt dans les no- « tions communes ou autres divagations de « l'esprit humain hors de la nature (2). Que le

(1) Il revient avec complaisance sur cette maxime : *Ne voyez-vous pas que la matière remue ? Pourquoi donc chercher un principe à ce mouvement ? Que vous importe ? Prenez la matière* COMME ELLE EST.

(2) *Ex legibus sermonum et ex dialecticis et mathematicis conclusiunculis, atque ex communibus notionibus et hujusmodi mentis extra naturam expatiationibus.*

Il est prudent, comme on voit ! Il exclut de ses spéculations sur ce grand sujet la grammaire, la logique, la métaphysique, qui n'est, suivant lui, qu'une *promenade hors de la nature*, mais surtout et avant tout les mathématiques, qui ne fournissent que des *raisonnettes*. Avec ces précautions, s'il vient à rencontrer la vérité ce ne sera pas sa faute.

« philosophe ne perde donc jamais de vue le « grand principe *que l'amour n'a point de père;* « autrement l'esprit serait sujet à se perdre « dans les espaces imaginaires.

« C'est donc un point décidé que l'essence « première des choses, que la force, que l'a- « mour n'ont point de cause. Examinons main- « tenant la *manière* de cette chose qui est sans « cause (1); car cette manière est AUSSI très- « obscure, et nous en sommes avertis par cette « fiction élégante qui nous représente l'Amour « éclos d'un œuf couvé par la Nuit. Il est sûr « que le philosophe sacré a dit : *Tout ce que* « *Dieu a fait est bon en son temps, et il a livré le*

(1) *De* modo *verò ejus rei quæ causam non recipit, videndum.* Modus *autem* ET *ipse* QUOQUE *perobscurus est.* (Ibid., p. 319.) Ce mot de *Modus* est très-équivoque. On serait tenté d'abord de le prendre pour l'essence même du principe premier; on en doute ensuite, lorsqu'on vient à réfléchir sur le QUOQUE. Bacon s'enveloppe extrêmement dans tout ce morceau, qui a dû lui coûter infiniment. On le voit sans cesse tiraillé en sens contraire par des envies opposées, celle de dire et celle de ne pas dire.

Et fugit ad salices, et se cupit antè videri.

« *monde à nos recherches, sans néanmoins que*
« *l'homme puisse comprendre l'œuvre que Dieu*
« *opère depuis le commencement jusqu'à la*
« *fin* (1). Cette *œuvre* n'est pas autre chose, ce
« semble, que *la loi totale de l'essence et de la*
« *nature qui tranche et parcourt toutes les vicis-*
« *situdes des choses* (2) : or, cette ſorce impri-
« mée par Dieu aux molécules premières et
« dont la multiplication produit tout ce que
« nous voyons, cette ſorce, dis-je, peut bien
« *frapper* la pensée des hommes, mais elle ne
« s'y *introduit* point (3). »

(1) *Cuncta fecit bona in tempore suo, et mundum tradidit disputationi eorum, ut non inveniat homo opus quod operatus est Deus à principio usque ad finem.* (Eccle. III, 11.)

(2) *Lex enim summa essentiæ atque naturæ quæ vicissitudines rerum secat et percurrit.* (Bacon, loc. cit. p. 319.) Qu'est-ce que cette loi *totale* ou *suprême* ? (car il ne veut pas être entendu.) *C'est*, dit Bacon, *la force imprimée par Dieu aux atomes premiers, et que Salomon semble vouloir nous décrire par cette circonlocution : Opus quod operatus est, etc.* (Ibid.) Il serait difficile de se jouer plus hardiment et du bon sens et de l'Ecriture.

(3) *Cogitationem mortalium perstringere potest, subire vix potest.* (Ibid.)

Arrêtons-nous un instant : Bacon citant la Bible, on peut être certain, comme je l'ai dit plus haut, qu'il est sur le point de blasphémer ou d'extravaguer.

La force imprimée par Dieu aux atomes principes peut bien frapper *la pensée des hommes*, *mais non* s'y introduire !

Si l'on veut comprendre ces mots, rappelons-nous ce que Bacon a dit ailleurs *que le spectacle de la nature peut bien exciter* l'admiration, *mais non nous faire connaître la volonté de l'ouvrier* (1) ; c'est la même pensée. Nous sommes *frappés* par la vue de l'œuvre, mais la connaissance de l'ouvrier ne *s'introduit* point dans nos esprits, c'est-à-dire toujours *que Dieu ne saurait être l'objet de notre raison.*

Bacon, au reste, mêle ici avec un art si réfléchi et si perfide et *Dieu*, et *la loi totale*, et *la force imprimée*, et *l'opus operatum*, qu'il n'y a pas moyen de le comprendre grammati-

(1) Sup. p. 27-28.

calement; mais il n'y a rien de si évident que son but de confondre les notions et de ramener tout à une loi mécanique, nécessaire et aveugle.

Après avoir dit *que la loi qu'on admire ne saurait s'introduire dans l'esprit*, il passe à une seconde idée, qu'il lie à la première au moyen d'un CAR, et il nous dit : « *Car* ce qui se prouve « par des propositions affirmatives semble un « produit de la lumière, tandis que ce qui ne « se prouve que par des propositions négati- « ves et des exclusions semble tiré et comme « exprimé de la nuit et des ténèbres (1). C'est « ce qui est parfaitement représenté par cet « *œuf de la Nuit* qui explique comment *Cupi-* « *don* parvient à la lumière. Ce Cupidon est « véritablement l'œuf éclos de la Nuit, car la « connaissance que nous en avons (telle qu'elle « peut être) n'est appuyée que sur des exclu- « sions et des propositions négatives : or, la

(1) *Quæ verò per negativas et exclusiones* (concluduntur) *ea tanquam è tenebris et nocte exprimuntur et educuntur:* (Ibid., p. 319.)

« preuve par exclusion est une sorte d'igno-
« rance et comme une nuit par rapport à ce
« qui est renfermé (1), » c'est-à-dire *qui n'est pas éclos*.

Quand même Bacon s'en serait tenu là, il serait aisé de deviner ses intentions ; mais bientôt il prendra soin de se faire comprendre. Il commence, d'abord, par expliquer ses idées sur l'atome. Démocrite et Épicure l'avaient déclaré aveugle (2); Bacon découvre qu'il est *sourd*. Quelquefois les grands hommes ne se rencontrent pas au pied de la lettre : ici cependant ils se rapprochent assez, et pourvu qu'ils s'accordent à exclure l'intelligence, cela suffit.

L'école de Démocrite combattait de toutes ses forces l'idée vulgaire des quatre éléments,

(1) *Est autem iste Cupido verè ovum exclusum à Nocte : notitia enim ejus (quæ omnino haberi potest) procedit per exclusiones et negativas : probatio autem per exclusionem facta quædam ignoratio est, et tanquam nox quoad id quod includitur.* (Ibid., p. 320.)

(2) *Res positiva et surda.* (Ibid., p. 318.) C'est une des énigmes de Bacon ; mais nous prendrons la liberté de l'expliquer.

et en général elle ne voulait pas que l'élément (quelconque) possédât aucune qualité du mixte.

Ne voyez-vous pas, disait Épicure par la bouche de Lucrèce, *que si l'élément était quelque chose de ce que nous voyons, cette qualité qui lui serait propre l'empêcherait de créer, par exemple, un animal, une plante ou tout autre mixte, parce qu'elle dominerait dans l'agrégat, et continuerait d'être elle-même, au lieu d'être autre chose* (1)? *Il faut donc*, continue Lucrèce, *que les premiers principes apportent dans la production des choses une nature* clandestine et sourde, *afin que rien ne ressorte et ne l'empê-*

(1) Sin ita fortè putas ignis terræque coire
Corpus, et aerias auras roremque liquorum,
Nil in concilio naturam et mutet eorum;
Nulla tibi ex illis poterit res esse creata,
NON ANIMANS, non exanimo quid corpore, ut arbos
Quippe suam quidque in cœtu variantis acervi
Naturam ostendet, etc.
(Luc. de Rer. Nat. I, 770, 777.)

J'ai tâché, dans une traduction libre, de rendre ces extravagances aussi intelligibles qu'elles peuvent l'être.

che d'être proprement telle ou telle chose produite (1).

On trouve souvent dans les langues des mots employés contre l'analogie, lorsqu'ils sont nécessaires pour rendre des idées que ces mêmes langues refusent d'exprimer par un terme propre. Ainsi nous disons en français : *rue* passante, *couleur* voyante, de *l'argent* comptant, *une voix, un instrument, un théâtre* sourd.

Et les mathématiciens appellent *sourdes* certaines quantités qui sont bien réelles (puis-

(1) At primordia gignundis in rebus oportet
Naturam clandestinam cæcamque adhibere,
EMINEAT NE QUID; quod contra pugnet et obstet,
Quominùs esse queat propriè quodcumque creatur.
(Lucr. Ibid., v. 778 sqq.)

Ainsi, l'atome est *ce qui produit tout et n'est rien;* de manière que, *s'il était quelque chose, il ne pourrait produire quelque chose.* L'atome qui est le principe du bois ne possède aucune qualité du bois, etc.; mais pourvu qu'il soit AVEUGLE ou SOURD, et qu'ainsi *rien ne ressorte* (Emineat ne quid), il est propre à tout, même à la production d'un animal, comme nous venons de le voir. Il n'y a rien de si lumineux dans tout le cercle de la philosophie,

que nous pouvons les forcer de prendre place dans nos calculs) et que des intelligences d'un autre ordre que la nôtre conçoivent peut-être clairement, mais qui ne peuvent être conçues par la nôtre, puisqu'elles ne sont ni des entiers ni des fractions (1).

Bacon, dont la tête était *saturée* de français, comme nous en avons fait la remarque, s'empara de ce mot de *sourd*, que la langue latine même lui indiquait déjà, pour exprimer la nature *inarrivable* des atomes dépourvus de toute espèce de qualité.

Ici cependant Bacon adresse un reproche à son ami Démocrite, qu'il accuse d'être demeuré

(1) Par un heureux abus de mots de la même espèce, les Latins ont dit lieu sourd (surdus locus) pour exprimer *le lieu où l'on n'entend pas; prières sourdes* (surda vota) pour exprimer *les prières qu'on n'entend pas, etc.*, et Lucrèce a dit *atome aveugle* pour exprimer l'atome qui, étant dépourvu de toute qualité visible à l'œil de l'intelligence, ne pouvait être vu, c'est-à-dire *compris* par elle. Bacon emploie le mot *sourd* dans le sens des mathématiciens à l'endroit où il dit *à surdo ad computabile.* (Nov. Org. lib. II, § VIII.)

au-dessous de l'allégorie, et de plus *au-dessous de lui-même* (1); et voici comment.

L'atome, n'ayant aucune qualité, ne peut de même avoir aucun des mouvements appartenant aux mixtes, et dont Bacon nous a donné une si comique nomenclature.

Or, Démocrite ayant attribué à ses atomes deux de ces mouvements, savoir, celui *de chute* qui appartient aux corps graves, et celui *d'as-*

(1) *Non omnino parabolæ tantùm, sed sibi impar.* (Ibid. p. 320.) Et ailleurs : *In motibus suis primis expediendis etiam infra mediocres philosophos ponendus.* (Nov. Org. lib. II, § 48. Opp. tom. VIII, p. 182.)

Suivant l'allégorie, *Cupidon* était enfermé dans un œuf, et cet œuf était couvé par la Nuit; DONC la force qui a tout produit ne peut être connue de nous, puisqu'elle ne possède rien de ce que nous connaissons : *il n'y a rien de si évident!* et voilà comment Démocrite est *au-dessous de l'allégorie*. De plus, parce qu'il attribue à l'atome deux mouvements de mixtes, après avoir établi la vérité à l'égard des qualités, il est demeuré *au-dessous de lui-même*. Bacon tient infiniment à cette idée, et souvent il est revenu à la charge pour relever ce tort de Démocrite, qui est immense dans le système de Bacon, parce qu'il le croit contraire à sa marotte du mouvement essentiel à la matière.

cension qui est l'apanage des corps légers, il s'est trompé grossièrement; car, comme l'atome a *un corps et une vertu hétérogènes*, il doit de même avoir un mouvement hétérogène (1).

Bacon attachait une importance infinie à cette théorie, et la raison en est sensible. Si l'on accorde à l'atome un mouvement de *chute*, de *descente* ou de *déclinaison*, on prête le flanc au triste logicien qui demandera quelle est la cause de ces mouvements? Or, ce puissant raisonneur croyait parer ce coup dangereux en refusant à l'atome tout mouvement de mixte. *Il est bien*, disait-il, *le principe de tout mouvement; mais il n'en a aucun, comme il est le principe de toute qualité sans en avoir aucune... C'est*

(1) *Debuit enim motum heterogeneum atomo tribuere, non minùs quàm* corpus *heterogeneum et virtutem heterogeneam.* (Ibid. p. 320.) Quelques lignes plus haut il a dit le *corps* de l'atome (corpus atomi); il serait superflu de relever la grossière inexactitude de cette expression. J'avertirai seulement qu'il serait aisé de se tromper sur le sens de ce mot *hétérogène*, si mal employé par Bacon. Il est synonyme ici de *propre* par rapport à l'atome; car tout ce qui lui est propre est nécessairement hétérogène par rapport au mixte. C'est assez mal dit, mais c'est ce qu'il a dit.

pourquoi l'allégorie de Cupidon maintient partout l'hétérogénéité et l'exclusion, tant à l'égard de l'essence que du mouvement de l'atome (1).

Après ces préliminaires, qui peut-être n'ont jamais été compris (car c'est bien ici qu'on peut dire *quis leget hæc?*), Bacon en vient à la grande pensée vers laquelle toutes les autres sont dirigées; mais la transition est curieuse, et ne pourrait être bien comprise sans un commentaire.

L'allégorie, dit-il, *nous fait sentir de plus que les exclusions ont un terme*, CAR LA NUIT NE COUVE PAS TOUJOURS (2); et tout de suite il ajoute, comme une simple parenthèse tombée, pour

(1) *Neque motus naturalis atomi... quispiam est ex motibus grandiorum, simpliciter. Atque nihilominùs, et in* corpore atomi *elementa omnium corporum, et in motu et virtute atomi initia omnium motuum et virtutum insunt... Parabola autem heterogeneam et exclusionem ubique tuetur, tam substantiâ quàm motu.* (Ibid. p. 320, 321.)

(2) *At parabola ulteriùs innuit harum de quibus diximus exclusionum finem aliquem et modum esse; neque enim nox perpetuò incubat.* (Ibid. p. 321.)

ainsi dire, au milieu de sa phrase : **ET C'EST A L'ÉGARD DE DIEU SEUL QUE, LORSQU'ON EXAMINE SA NATURE PAR LES SENS, LES EXCLUSIONS NE SE TERMINENT POINT EN AFFIRMATIVES** (1).

Il en est tout autrement, continue-t-il aussitôt, de CETTE CHOSE (2) *à l'égard de laquelle les exclusions et négatives compétentes mènent à une affirmative certaine ; de manière que l'œuf résulte d'une incubation convenable, et non-seulement l'œuf est pondu par la Nuit, mais de l'œuf éclôt encore la personne de Cupidon* (3) ; *en*

(1) *Atque Dei certè proprium est, quum de ejus naturâ inquiritur per sensum, ut exclusiones in affirmativis non terminentur.* (Ibid.)

(2) CETTE CHOSE est Cupidon, le fils de la Nuit, la matière première, la force quelconque qui a tout produit, qui est la cause des causes et la cause sans cause, qu'il faut prendre comme elle est, et au-dessus de laquelle on ne doit rien chercher.

(3) Il ne dit pas simplement *Cupidon*, mais la *personne de Cupidon ;* ce qui n'est pas dit à l'aventure, car déjà il pensait à ce qu'il devait écrire à la page suivante : *Que Cupidon est* UNE PERSONNE, c'est-à-dire que la *matière première est un être doué de toutes les puissances qui lui appartiennent, et non une vaine abstraction.* (Ibid. p. 322.)

sorte que nous n'en sommes pas réduits sur ce point à quelques notions de pure ignorance, mais qu'au contraire nous pouvons obtenir une notion positive et distincte de CETTE CHOSE (1).

Rien n'est plus clair, comme on voit. « Dieu « ne peut être connu de nous par les sens (1) « que d'une manière négative, c'est-à-dire que « nous ne pouvons affirmer de lui que ce que « nous en ignorons. Nous pouvons dire : Il « n'est pas noir, il n'est pas blanc, il n'est pas « rond, il n'est pas carré, il n'est pas pesant, il

(1) Il répète deux fois en quelques lignes *hujus rei ratio* (p. 321) sans que ce mot se rapporte grammaticalement à rien : il craint de dire rondement la *matière première;* mais il s'en fie à l'intelligence de ses lecteurs, et comme je suis du nombre, je ne veux pas tromper sa confiance.

(2) Ou plus exactement *par le sens* (PER SENSUM), expression ambiguë qui signifie dans ce passage et dans d'autres, *par la raison*. Il serait en effet trop absurde de dire que Dieu ne peut être ni vu, ni touché, etc. Il faut se rappeler, au reste, que celui qui nous enseigne ici *que les sens ou la raison ne nous apprennent rien sur Dieu*, est le même qui nous a dit ailleurs *qu'il ne faut rien chercher hors des sens et de la nature sous peine d'extravaguer*.

« n'est pas léger, etc, ; là s'arrêtent toutes les « forces de l'esprit humain, qui ne sait rien « de Dieu, excepté qu'il n'en sait rien.

« Il n'en est pas de même heureusement « de l'AUTRE CHOSE ; car, lorsqu'on a exclu « de l'idée de la *personne de Cupidon* toutes « les qualités et tous les mouvements qui « nous sont connus, les négatives se termi- « nent en affirmatives claires et distinctes. « Nous savons que sa *personne* est *positive* et « *sourde*, qu'elle est le principe de toute « existence et de tout mouvement, *qu'il faut* « *la prendre comme elle est*, *etc.* »

On voit que l'avantage de la *personne* sur les *trois personnes* est incalculable.

Avant d'achever ce qu'il avait à nous dire sur sa matière première, Bacon nous fait un magnifique éloge de Démocrite, qui était et devait être son héros, ainsi que de sa philosophie (1), « entendue, dit-il, *puérilement* par

(1) *Democriti schola magis penetravit in naturam quàm reliquæ...* (Nov. Org. lib. I, § LI.) Il l'appelle souvent *vir acutissimus*.

« la foule (1). Les disputes frivoles des autres « systèmes, plus à portée du vulgaire, l'étei« gnirent enfin comme le vent éteint un flam« beau... Cependant elle brilla dans le beau « siècle de la science romaine (2); mais, lors « du grand naufrage des connaissances hu« maines, cette philosophie perdit tous ses « monuments que leur propre poids enfonça « dans l'abîme, tandis que les feuilles légères « et *soufflées* de Platon et d'Aristote surnagè« rent, sauvées par leur légèreté (3). » Bacon continue.

(1) *A vulgo* pueriliter *accipiebatur*. (Parmen. Teles., etc. Philosophia, loc. cit. p. 321.) Le vulgaire entendait cette doctrine *puérilement*, c'est-à-dire qu'il ne savait pas en tirer les conclusions convenables sur l'atome tout-puissant et l'éternité de la matière.

(2) Elle assista à la mort de l'Etat, et la causa sans avoir jamais rien appris d'utile à personne. Bacon ne pouvait guère citer plus gauchement.

(3) *Tanquam materiæ cujusdam levioris et magis* INFLATÆ. (Ibid. p. 322.) Ce mot signifie *bouffies d'intelligence et de causes finales*. Bacon loue souvent Platon et même en termes magnifiques; car il accorde toujours beaucoup à l'opinion, mais ensuite il prend son temps et dit ce qu'il pense.

Avant tout, *Cupidon* est décrit comme *une personne;* « on lui attribue une enfance, des « aîles, des flèches, etc. : par là, l'antiquité « nous fait comprendre que la matière pre- « mière est (tel que peut être un premier « principe) un être doué de formes et de « qualités; ce qui exclut cette matière abs- « traite, potentielle et sans forme; car « une matière spoliée et passive est un rêve « de l'esprit humain, qui, étant principa- « lement affecté de ce qu'il voit, croit que « les formes existent plus particulièrement « que la matière ou l'action qu'on regarde « comme des accessoires; et c'est de là, ce « semble, que nous est venu le règne des idées « dans les essences. Un peu de superstition « ayant suivi l'erreur et l'exagération, comme « il arrive ordinairement, *on vit paraître les « idées abstraites, qui se présentèrent dans toute « leur pompe avec tant d'assurance et de ma- « jesté que la phalange des dormeurs étouffa « presque les gens éveillés* (1)... Il n'y a cepen-

(1) Cette énigme est une des plus curieuses qui aient

« dant rien de si évidemment contraire à la « raison, que de chercher le principe des cho- « ses dans une matière abstraite (c'est-à-dire « privée d'action).... L'ÊTRE PREMIER (1) « ne doit pas avoir *moins*, il doit en quelque « manière avoir *plus* de réalité que les êtres « qui en proviennent ; car il est AUTHYPOS- « TATIQUE, et par lui tous les autres exis- « tent (2)... Aussi presque tous les philoso-

échappé à la plume perverse de Bacon. *La superstition* (on sait ce que veut dire ce mot) est amenée ici avec beaucoup d'adresse pour faire sentir que la religion est une complice naturelle de la philosophie spiritualiste. Tout est dit avec poids et mesure, et surtout sans jamais appeler une seule chose par son nom, pour éviter toute mauvaise affaire. On y sent encore je ne sais quelle amertume profonde et même une certaine envie d'insulter. Bacon et ses tristes disciples ne peuvent, sans un véritable accès de colère, entendre parler des idées abstraites qui sont l'apanage, le signe, la preuve, le langage de l'intelligence. Ils voudraient, s'il était possible, anéantir les titres de noblesse du genre humain. Ils les détestent, parce qu'ils y ont renoncé.

(1) PRIMUM *autem* ENS *non minùs verè debet existere quàm quæ ex eo fluunt* : *quodammodo, magis*. (Ibid. p. 323.)

(2) Authupostaton *enim est* (PRIMUM ENS) *et per hoc reliqua*. (Ibid. p. 323.)

« phes anciens, Empédocle, Anaxagore, « Anaximène, Héraclite, Démocrite, etc., « quoique partagés à certains égards sur le « sujet de la matière première, convenaient « tous en ce point qu'elle est active, qu'elle « possède la forme et qu'elle la dispense, et « qu'enfin le principe du mouvement lui ap- « partient par essence; *il n'est pas permis de « penser autrement, si l'on ne veut se déclarer « tout à fait déserteur de l'expérience* (1). Tous « ces philosophes soumirent donc l'intelli- « gence aux choses; mais Platon soumit le « monde aux pensées, qu'Aristote à son tour « subordonna aux mots; car déjà alors (2)

(1) *Neque aliter cuipiam opinari licebit, qui non experientiæ planè desertor esse velit.* (Ibid.) — Il aurait dû nous dire par quelle expérience il s'était assuré que le principe du mouvement appartient à la matière, et par quelle expérience encore il avait contredit l'expérience contraire qui se répète à chaque instant! mais il est inutile de lui faire des questions: *sa conscience a déserté.*

(2) *Vergentibus etiam tùm hominum studiis.* (Ibid. p. 323.) Il y a ici une charmante petite finesse. C'est comme qui dirait platement: *car les docteurs d'alors étaient aussi sots que les nôtres.*

« les hommes aimaient à disputer et à discou-
« rir vainement sans se soucier de la vérité. »

Il faut encore s'arrêter ici pour méditer sur cet incroyable passage. Nous avons entendu Bacon appeler la matière première CAUSE DES CAUSES, ELLE-MÊME SANS CAUSE ; maintenant, par une profanation des mots encore plus criminelle, il ne craint point de l'appeler L'ÊTRE PREMIER, et s'il n'ose pas tout à fait ajouter la formule liturgique, *per quem omnia facta sunt*, il y supplée au moins par l'équivalent *et per hoc reliqua*. Ce n'est pas tout : il emprunte à la théologie l'expression qu'elle a consacrée pour confesser l'existence distincte et substantielle des personnes divines, que l'Eglise appelle *hypostatique*, et il donne encore ce nom à la matière. Est-ce assez du moins? Point du tout, il imagine encore d'ajouter un autre mot qui exclut toute idée de cause antérieure, en déclarant la matière principe nécessaire, et il la nomme *authypostatique*. Jamais peut-être on n'a poussé l'effronterie plus loin.

Et que dirons-nous de ces philosophes anciens, vantés *pour avoir soumis l'intelligence aux choses*, et opposés à Platon *qui avait soumis le monde aux pensées* (1). Que veut dire Bacon ? Platon ramène tout à l'intelligence, surtout le mouvement ; et il affirme, de plus, que le monde a été formé d'après une idée archétype, ou plan préexistant dans l'intelligence ordonnatrice ; pensée non-seulement vraie, mais nécessairement vraie. C'est donc le contraire qui fut soutenu jadis par ces philosophes que Bacon honore de son approbation ; et nous devons croire, sous peine d'être déclarés *déserteurs de l'expérience*, que les *choses* sont antérieures à l'intelligence, qu'elle n'est pas du moins le principe du mouvement, et qu'ainsi l'ordre l'a précédée ou ne dépend pas d'elle. *Toutes les idées contraires à cette théorie ne méritent pas d'être réfutées en détail ; il suffit de les rejeter en masse, car elles ne sauraient appartenir qu'à des hommes qui veulent beaucoup parler et peu savoir* (2).

(1) *Itaque hi omnes mentes rebus submiserunt* (c'est ce qui est approuvé) ; *at Plato mundum cogitationibus, etc.* (Ibid. p. 323.)

(2) *Quare hujusmodi placita magis toto genere reprehen-*

« Toute cette matière abstraite, continue « Bacon, *est la matière des thèses et non celle « du monde* (1). Le vrai philosophe doit donc « *disséquer* la nature et non l'*abstraire;* il doit « admettre tout à la fois une matière première « et un mouvement premier, *comme il se « trouve*. Ces trois choses peuvent bien être *dis- « tinguées*, mais jamais *séparées*. L'abstraction « du mouvement en particulier a produit une « infinité d'imaginations creuses, DES AMES, « *des vies*, ET AUTRES CHOSES SEMBLA-

denda quàm propriè confutanda videntur. Sunt enim eorum qui multùm loqui volunt et parum scire. (Ibid. p. 324.)

(1) *Abstracta ista materia est materia disputationum, non universi.* (Ibid.) Maintenant que le lecteur sait ce que c'es que *la matière abstraite*, et ce que c'est que *disséquer la matière ou la nature au lieu de les abstraire*, il faut se rappeler ce qu'a dit le traducteur anglais, le commentateur de Bacon, l'homme par conséquent qui devait le mieux entendre et expliquer ce philosophe, que cela signifie *faire des expériences, au lieu de s'en tenir à des théories générales séparées de l'expérience*. Belle et juste explication, vraiment! Le traducteur n'a-t-il pas compris ou n'a-t-il pas voulu être compris? La première supposition étant la plus honorable, je m'y tiens.

« BLES (1) ; comme si la matière et la forme
« ne satisfaisaient pas à tout, et qu'il fallût
« encore chercher des principes aux princi-
« pes ! Il faut donc croire et soutenir que toute
« force, toute essence, tout mouvement ne sont
« que des conséquences et des émanations de
« cette matière première ; et que cette matière
« ait une forme quelconque, c'est ce qui est
« *démontré* par l'allégorie elle-même, *puisque*
« *Cupidon est une personne* (2). Cependant la
« totalité de la matière, ou sa masse totale, fut
« une fois sans forme ; car le chaos n'en avait
« point ; et ceci s'accorde parfaitement avec
« la sainte Ecriture, qui nous apprend bien
« qu'au commencement Dieu créa le ciel et la
« terre, MAIS NON LA MATIÈRE (*hylen*) (3). »

(1) *De* ANIMIS, *vitis* ET SIMILIBUS. (Ibid.) Bacon, par ces dernières paroles, *et similibus*, désigne suffisamment l'*esprit*. Il a pourvu à tout d'ailleurs par le mot ANIMIS qui est également le pluriel d'*animus* et d'*anima*. Il n'y a pas un mot qui ne soit un crime.

(2) *Quòd materia prima forma nonnulla sit, demonstratur à parabolâ in hoc quòd Cupidinis est persona quædam.* (Ibid. p. 324.) Comment se refuser à un argument si décisif ?

(3) Ibid. M. Lasalle n'entendant pas ce mot de *hylen*, et

Bacon, fidèle à sa dégoûtante coutume, dont on a vu déjà plus d'un exemple, appelle encore ici la Bible en témoignage pour établir l'éternité de la matière, et c'est un spectacle assez singulier que celui de Moïse transformé en sophiste grec, et déclarant *Jéhovah* le créateur *des corps*, mais non de la *matière* (hyles).

Après vingt pages entières, dont on ne saurait supporter la lecture sans une patience à toute épreuve, Bacon revient à ses idées favorites, et voici comment il termine *sur les principes* :

« Pour tout homme qui juge d'après sa rai-

ne le trouvant pas dans son dictionnaire latin, s'est bravement déterminé de le changer en *hymen*, et il traduit : *il n'est pas dit qu'au commencement Dieu créa* l'hymen. L'erreur est d'un très-joli genre ; mais il faut rendre justice au traducteur, il a fait de son *hymen* tout ce qu'on en peut faire, (*V*. Tom. XV, p. 224, 296, 337.) Il fallait surtout une sagacité peu commune pour traduire sans ridicule la page qui commence par ces mots *Telesio tamen* hyle *placuit*, *etc.* en partant de l'erreur que j'indique ici. Cependant M. Lasalle s'en est assez bien tiré. (Parm. Teles. etc. Philos. tom. IX du texte, p. 349. Tom. XV de la trad. p. 346, 347.)

« son (1) la matière est éternelle; mais le « monde, tel que nous le voyons, ne l'est « pas ; ce qui s'accorde avec la sagesse anti« que et avec celle de Démocrite qui s'en ap« proche de près. *Les saintes Écritures tien« nent le même langage* (2), avec cette diffé« rence principale qu'elles attribuent à Dieu « la création de la matière, que ces anciens « philosophes regardaient comme existant « d'elle-même. Il semble, en effet, que la foi « nous enseigne trois dogmes sur ce point : « 1° Que la matière fut créée de rien; 2° que « le système du monde fut l'ouvrage de la pa-

(1) *Secundùm sensum philosophanti* (Ibid., p. 346.) Nouvel exemple du mot *sensus* incontestablement pris pour *raison*.

(2) C'est-à-dire que l'Ecriture sainte tient le même langage, *excepté néanmoins qu'elle tient un langage tout différent*. La philosophie antique croyait la matière éternelle, et la Bible la déclare créée *ex nihilo* : ce que Bacon confesse ici expressément et en toutes lettres *(il n'y a pas d'autre différence)*; et quand on se rappelle ce qu'il vient d'affirmer plus haut, *que l'Écriture sainte enseigne bien la création du monde, mais non celle de la matière*, aucun lecteur honnête ne peut contenir les mouvements de mépris et d'indignation dus à tant de mauvaise foi.

« role toute-puissante, en sorte que la matière ne se tira point d'elle-même du chaos pour se donner la forme que nous voyons; 3° que cette forme était (avant la prévarication) la meilleure dont se trouvât susceptible la matière telle qu'elle était créée (1). Mais les anciens ne purent s'élever à aucun de ces dogmes ; car ils répugnaient infiniment à la création *ex nihilo*, et ils tenaient que le monde n'est parvenu à l'état où nous le voyons qu'après une foule d'essais et de lenteurs. Quant à l'optimisme des choses, ils s'en embarrassaient peu, toute formation, ou, si l'on veut, tout *schématisme* de la matière étant à leur avis et périssable et variable. Il faut donc s'en tenir, sur tous ces points, à la foi et à ses bases ; mais de savoir ensuite si, en vertu de la force imprimée dans le principe, cette

(1) Bacon en impose encore ici. Il est faux que la Bible enseigne l'optimisme, même relatif. A la vérité, il est écrit : *et vidit Deus quòd esset* BONUM ; et personne n'en peut douter : mais Bacon n'a trouvé le superlatif que dans son imagination.

« matière n'aurait pu, à travers une longue « révolution de siècles, se donner elle-même « cet ordre et cet arrangement, le meilleur « possible, qu'elle prit subitement et sans « détours (1) à la voix impérieuse du Verbe « éternel, c'est une question qu'il vaut mieux « *peut-être* passer sous silence; CAR (2) la *re-* « *présentation* du temps n'est pas un moindre « miracle que la création de l'être, et l'une « et l'autre appartiennent à la même toute- « puissance (3); mais il paraît que la Divinité

(1) *Missis ambagibus.* (Ibid., p. 348.) C'est-à-dire *sans se prévaloir d'aucune de ces petites chicanes qu'elle aurait pu faire au Verbe éternel.*

(2) Gardons-nous bien de passer sur ce CAR. (*Tam* ENIM *est miraculum, etc.* Ibid.) Voici le sens: *Il est dangereux de traiter cette question;* CAR *la création n'étant pas un moindre miracle que l'accélération du temps, et la création choquant tout à fait la raison, si l'on venait à examiner la question de près, on pourrait fort bien en venir à croire que le* VERBE, *quoiqu'il ait la voix impérieuse, ne saurait néanmoins pas plus se faire entendre au temps qu'au néant: c'est pourquoi il vaut mieux* PEUT-ÊTRE *ne pas traiter cette question.*

(3) *Tam enim est miraculum et ejusdem omnipotentiæ repræsentatio temporis quàm efformatio entis.* (Ibid., p. 348.)

« voulut alors *se distinguer* (1) des deux ma-« nières, en opérant avec toute l'étendue de « la toute-puissance, d'abord sur l'être et la « matière, en tirant l'être du néant, et en « second lieu sur le mouvement et le temps « par anticipation sur l'ordre de la nature « et par une accélération de la marche de « l'être (2).... »

Ce mot tout à fait impropre *représentation* est là pour *réduction* ou autre semblable. Si, par exemple, la matière avait besoin de cent siècles pour se déployer, le miracle consiste à la dispenser de ce délai et à représenter les cent siècles comme déjà écoulés. Dieu, au jugement de Bacon, n'aurait pas eu moins de peine à se tirer de là que de la création même.

(1) *Videtur autem natura divina utràque omnipotentiæ emanatione se* INSIGNIRE *voluisse.* (Ibid.) Un peu de vaine gloire est bien permise dans une si grande occasion.

(2) Ainsi ce magnifique FIAT, dont les hommes ont fait tant de bruit, n'est après tout qu'*une simple accélération de la marche de l'être*. Dieu, s'impatientant des lenteurs de la matière, lui proposa de faire brusquement ce qu'également elle aurait fait tôt ou tard, et la matière, *missis ambagibus*, se prêta à la toute-puissance qui voulait *se distinguer*. — Il me semble que, dans ce cas, on se conduisit bien de part et d'autre; car Dieu était très-excusable de vouloir faire parler de lui, et la matière fit sagement de ne pas le chicaner.

« Il serait bien à désirer du moins que les « hommes s'accordassent enfin sur ce qu'on « appelle *principes;* en sorte que, par une « contradiction manifeste, on ne prît plus ce « qui n'existe pas pour ce qui existe, et pour « *principe* ce qui ne peut être *principe*. Or, « un principe abstrait n'est pas un être (1), « et tout être périssable n'est pas principe ; « donc l'esprit humain se trouve invinciblement « conduit à l'atome, *qui est l'être véri*« *table* MATÉRIÉ (2), *formé*, *situé*, *possé*« *dant l'antipathie et l'appétit*, *le mouvement*

(1) Rappelons-nous toujours qu'un *principe abstrait* est une matière sans action et qui l'attendrait d'ailleurs : or, cette matière est un être de raison, vu qu'elle doit être prise *comme elle est*, c'est-à-dire, *douée par essence de cette force primitive qui a tout produit :* ET PER HOC RELIQUA.

(2) *V.* ci-devant p. 57. Il faut observer que l'homme qui parle ici de l'atome en termes si magnifiques est le même qui a dit ailleurs : « *L'atome est impossible*, *parce qu'il suppose le vide et une matière fixe*, *deux choses fausses ; de manière qu'il en faut venir à des particules vraies*, telles qu'elles se trouvent. (Nov. Org. lib. II, § VIII, p. 82.) Il finit par être plaisant.

« *et l'émanation*. C'est lui qui demeure inal-« térable et éternel au milieu de la destruc-« tion de tous les êtres naturels ; car il faut « bien absolument que, dans cette dissolu-« tion si diversifiée de tous les grands corps, « il y ait comme un centre immuable. » Or, pour établir que la chose immuable est l'atome, voici le syllogisme éblouissant employé par le grand réformateur de l'esprit humain.

Il est rigoureusement nécessaire que ce qui est immuable soit un potentiel *ou un* minimum : *or, ce n'est point un* potentiel, *puisque le* potentiel *premier ne peut être semblable à ceux de l'ordre inférieur, qui sont une chose en acte et une autre chose en puissance ; mais il est nécessaire que l'immuable soit parfaitement* abstrait, *puisqu'il est étranger à tout acte et qu'il contient toute puissance ;* DONC *l'immuable est un* minimum (1) ou un atome.

(1) *Omnino necesse est ut, quod tanquam centrum manet immutabile, id aut potentiale quiddam sit aut minimum. At potentiale non est ; nam potentiale primum reliquorum quæ*

Nulle chaire du moyen âge n'entendit de plus belles choses, et il faut avouer que cet argument est impayable dans la bouche du plus grand détracteur des scolastiques. La fin de ce morceau sera moins divertissante.

Aristote nous a transmis l'opinion de certains philosophes antispirituels, qui, se trouvant gênés par l'argument tiré de l'impossibilité du *progrès à l'infini*, dans la démonstration des vérités, tranchaient la question d'une façon très-expéditive en niant qu'il y eût des principes. *Les vérités*, disaient-ils, *ne sont point superposées en ligne droite*, *comme on se le*

sunt potentialia simile esse non potest, quæ aliud actu sunt, aliud potentiâ. Sed necesse est ut planè abstractum sit, cùm omnem actum abneget et omnem potentiam contineat. Itaque relinquitur ut illud immutabile sit minimum. (Ibid., p. 348, 349.)

Observez bien qu'ici l'atome doit être parfaitement abstrait *(planè abstractum)*, et tout à l'heure nous avons vu *qu'un principe abstrait n'est pas un être*, et que l'atome est *l'être premier*, l'être par excellence EX QUO RELIQUA. A mesure qu'on s'enfonce dans cette philosophie, le mépris le dispute à l'indignation.

figure ordinairement ; elles font un cercle au contraire, et l'une prouve l'autre sans fin ni commencement ; en sorte qu'il n'est point nécessaire d'admettre des principes innés qui soient la base de toute démonstration sans pouvoir ni devoir eux-mêmes être démontrés (1).

Bacon, transportant cette idée dans l'ordre physique (sans néanmoins citer Aristote), continue de la manière suivante, après avoir dit sur l'atome ce qu'on vient de lire.

(2) Αλλὰ πάντων εἶναι ἀπόδειξιν οὐδὲν κωλύει· ἐνδέχεται γὰρ κύκλῳ γίνεσθαι τὴν ἀπόδειξιν καὶ ἐξ ἀλλήλων. (Arist. Anal. poster. lib. I, cap. III.) M. Lasalle s'est trompé, comme on dit en latin, *toto cœlo*, en prenant la *démonstration en cercle* d'Aristote, pour l'*analogie*. (De Dign. et Augm. Scient. liv. V, chap. 5, tom. II de la trad., p. 334.) On voit par cet exemple et par mille autres combien la philosophie et la langue des Grecs sont étrangères aux écrivains français de notre siècle.

Il ne paraît pas douteux que Bacon parodiait ce passage en le transportant d'une manière ingénieuse dans le cercle matériel. Il est remarquable qu'Aristote ayant dit : *Mais je pense bien autrement* : ἡμεῖς δὲ φάμεν οὔτε πᾶσαν ἐπιστήμην ἀποδεικτικὴν εἶναι. (Ibid.) Bacon ajoute à son tour : Mais je prouverai que la chose n'est pas possible. (Ibid., p. 349). *Il copiait*, comme on voit, *à la vitre*.

« C'est ce qu'il faut admettre, si l'on n'aime « mieux peut-être soutenir qu'il n'y a point « absolument de principes des choses, que « chaque être est un principe pour un autre, « et que la loi et l'ordre des changements « sont les seules choses constantes et éter- « nelles, tandis que les essences elles-mêmes « ne cessent de fluer et de changer. *Il vau- « drait incontestablement mieux soutenir net- « tement ce système que de se laisser conduire, « par l'envie d'établir un principe éternel, à « l'inconvénient beaucoup plus grave d'en faire* « un principe imaginaire (1); car la première « supposition, qui fait changer toutes les « choses en cercle, offre du moins un sens « déterminé; au lieu que la seconde n'en

(1) *Atque satius foret hujusmodi quiddam disertè affirmare quàm studio* æternum aliquod principium statuendi *in durius incommodum incidere ut idem principium ponatur* phantasticum. (Ibid., p. 349.) Ce qui signifie : *Si vous ne voulez pas admettre mon atome* doué et non abstrait, *vous tombez dans l'esprit* qui est *imaginaire*. On ne saurait donner un autre sens raisonnable à ce passage, qui se trouve d'ailleurs parfaitement expliqué par ce qui suit.

« présente aucun et ne dit rien dans le vrai, « *en nous donnant pour des réalités de purs* « *êtres de raison et de simples appuis de l'es-* « *prit* (1)...

« Le caractère des *principes*, c'est qu'ils « produisent tout *et n'ont point été pro-* « *duits* (2)...... La masse de la matière est « éternelle et ne peut être augmentée ni di- « minuée ; fermer les yeux sur l'énergie dont

(1) *Illa enim prior ratio aliquem exitum habere videtur ut res mutentur in orbem ; hæc prorsùs nullum quæ* NOTIONALIA ET MENTIS ADMINICULA *habet pro entibus.* (Ibid., p. 349.) Je prie qu'on fasse attention au bonheur singulier de cette expression *mentis adminicula.* « Tout philo- « sophe qui n'admet point l'éternité et le mouvement de la « matière ne sait plus où il en est. Dans son désespoir, il in- « vente *des êtres de raison, des âmes, des vies* et *autres choses* « *semblables*. En tout cela il n'y a rien de réel ; mais ce sont « des AIDES que des esprits faibles saisissent, comme un « homme près de se noyer saisirait l'ombre d'un arbuste « riverain. »

(2) *Principii ratio in iis* (calore et frigore) *ex utrâque parte deficit, tùm quia aliquid non ex ipsis*, TUM QUIA IPSA EX ALIQUO. (Ibid., p. 351.)

Ici Bacon oublie d'ajouter : *Deum semper excipimus.* Ce n'est qu'une simple distraction.

« elle jouit pour se conserver et se sou-
« tenir,.... croire qu'elle ne doit point être
« prise *comme elle se trouve* (*simpliciter*),
« mais qu'elle peut être, au contraire, dé-
« pouillée de toutes ses vertus, c'est une des
« plus grandes erreurs qui ait pu s'emparer
« de l'esprit humain. Elle ne serait pas
« croyable même, si l'universalité et la noto-
« riété de l'erreur ne faisaient disparaître le
« miracle. Il n'y en a pas, en effet, d'égale à
« celle de ne pas regarder comme une puis-
« sance active cette force dont la matière est
« douée, en vertu de laquelle elle se défend
« contre la destruction, au point que la plus
« petite particule matérielle ne saurait être
« ni accablée par le poids de l'univers en-
« tier (1), ni détruite par la force et l'impé-

Bacon, *qui ne voyait que ce qu'il voyait*, se représentait le monde changé en marteau et frappant sans effet sur une pauvre molécule. Il paraît, au reste, n'avoir guère songé à l'*enclume;* car si l'univers entier *s'appuie*, sur quoi *s'appuie-t-il?* Il est comique encore avec sa belle gradation : « la matière ne peut être ni accablée, *obrui* (que veut-il dire, bon Dieu! ni *détruite*, ni *anéantie*. » Ibid., p. 353.)

« tuosité réunies de tous les agents possibles,
« ni par quelque moyen que ce soit réduite au
« néant, ni forcée d'aucune manière imagi-
« nable à ne plus occuper un espace quel-
« conque, ni privée de sa résistante impéné-
« trabilité, ni empêchée enfin d'entreprendre
« sans cesse (1) (de nouvelles créations) sans
« jamais s'abandonner elle-même. Cette force
« de la matière est, sans aucune comparai-
« son, la première de toutes les puissances :
« elle est, pour ainsi dire, le destin et la né-
« cessité..... Il faut être enfoncé dans les plus
« profondes ténèbres du péripatétisme pour
« la regarder comme quelque chose d'acces-
« soire, tandis qu'elle est au contraire prin-
« cipale par excellence, capable de mouvoir
« son propre corps et d'en déplacer un autre,
« ferme et indomptable dans sa propre es-

(1) *Quin et ipsa vicissim aliquid* MOLIATUR, *nec se deserat.* (Ibid.) Bacon dans toutes les occasions délicates n'emploie, avec tout l'art et toute la réflexion imaginables, que certaines expressions vagues qui soient susceptibles d'excuse et d'explication, sans néanmoins cacher sa pensée. On le voit ici dans le mot MOLIATUR, qui est bien pesé.

« sence d'où les décrets du possible et de l'im-
« possible émanent avec une inviolable auto-
« rité (1). L'école enfantine se paie de mots
« sur ce point sans savoir jamais contempler
« cette puissance avec des yeux bien ouverts,
« ni la disséquer jusqu'au vif : c'est que l'é-
« cole ignore (l'école!) quelles importantes
« conséquences résultent de cette connais-
« sance et quelle lumière en rejaillit sur les
« sciences (2). »

(1) *Quum sit maximè principalis, corpus suum vibrans, aliud summovens, solida et adamantina in se ipsa, atque nudè decreta possibilis et impossibilis emanans auctoritate inviolabili* (Ibid.) En lisant ici *que cette force peut mouvoir son propre corps et* un autre, on peut fort bien demander *quel autre?* Mais la réponse se présente d'elle-même : c'est que le mouvement essentiel n'appartient pas seulement à la matière en *gros*, mais encore *en détail;* de manière que lorsqu'une portion en frappe une autre, celle-ci consent à ne pas faire usage de sa force *éternelle*, *inviolable*, ADAMANTINE. Elle se laisse pousser pour remplir les vues de la première, et toujours à charge de revanche. Et voilà comment le *corps* de la matière peut en déplacer un *autre.* — Les idées claires me ravissent.

(2) *Parùm scilicet gnara quanta ex eâ pendeant, et qualis lux inde scientiis oriatur.* (Ibid., p. 353.) Bacon aurait bien

Que Bacon cherche ensuite des correctifs, qu'il nous dise » que lorsque Démocrite et « Épicure s'avisèrent de soutenir que le « monde avait été fait par le concours fortuit « des atomes, ils excitèrent un rire univer- « sel (1); » nous lui répondrons : *Et vous, Bacon, que mettez-vous à la place? Si vous ne savez substituer à ces atomes que d'autres atomes, et votre matière* primitive, douée, sourde, et qu'il faut prendre comme elle est, *il n'y a entre Démocrite et vous qu'une seule différence : c'est que celui-ci pouvait être un honnête homme parce qu'il disait ce qu'il pensait.*

dû nous dire quelle est *cette lumière* qui, de ses maximes insensées touchant l'éternité de la matière et du mouvement essentiel, *a rejailli sur les sciences.* Que signifie donc cette audace, qui, en discutant un point d'une si haute importance, se permet d'affirmer sans preuve ? Le système de l'éternité de la matière n'apprend rien à l'homme en physique, et l'égare de la manière la plus funeste sur des sujets plus essentiels. Bacon le savait fort bien, et il a menti à sa propre conscience avant de mentir à la nôtre.

(1) *Democritus et Epicurus, quum ex atomorum fortuito concursu fabricam rerum absque mente coaluisse adsererent, ab omnibus risu excepti sunt.* (De Dign. et Augm. Scient. lib. v, cap. iv. Opp. tom. viii, p. 198.)

Tout lecteur qui joindra à une conscience droite les moindres connaissances philosophiques verra sans doute dans les idées de Bacon, qui viennent de lui être exposées avec quelque attention, une introduction complète à tout le matérialisme de notre siècle. Si les philosophes de cette époque, si flétrissante pour l'esprit humain, ont tant aimé et célébré Bacon, c'est qu'ils n'ont pas soutenu une erreur (et ils les ont toutes soutenues) dont il ne leur ait présenté le germe déjà plus qu'à demi développé.

On vient de voir ce que Bacon ne craignit pas d'avancer sur l'éternité de la matière, dogme capital de l'incrédulité, et d'autant plus dangereux qu'un œil médiocrement exercé peut fort bien ne pas en apercevoir d'abord les terribles conséquences.

Bacon cependant ne pouvait s'excuser sur cette ignorance, puisqu'il a su dire ailleurs *que tout ce qui ne dépend pas de Dieu est un autre Dieu, un nouveau principe et une espèce de divinité bâtarde* (1).

(1) *Quidquid à Deo non pendet ut auctore et principio,* ...

On ne sait pas trop quelle espèce de croyance est couverte sous ces paroles bizarres; on voit seulement qu'il apercevait la vérité et qu'il découvrait assez distinctement l'écueil auquel on s'exposait en la niant.

Malheureusement rien n'est moins équivoque que la profession de foi de Bacon à l'éternité de la matière; et j'ai fait remarquer de plus, dans l'important morceau que je viens d'exposer, des passages qui permettent de tout soupçonner.

Ce système n'est plus rare de nos jours; et ce qu'il y a d'étrange, c'est qu'il se trouve (du moins dans l'école protestante) parmi des hommes de mérite qui se donnent pour les défenseurs des bons principes, et même du christianisme.

Je n'ai pas été peu surpris de voir qu'un mi-

id loco Dei erit, et novum principium, et DEASTER *quidam.* (Meditationes sacræ. Opp. tom. x, p. 229.) Je me recommande pour ce prodigieux *deaster* aux traducteurs plus habiles que moi.

nistre même du saint Evangile pouvait, sans déroger à son caractère, nier que la création proprement dite nous fût révélée dans la Bible, et regarder même la chose comme un point convenu dont il ne fallait plus disputer (1).

Quant à l'interprète de Bacon, il ne paraît pas douteux qu'il n'ait hérité des opinions de son maître.

En grondant Fourcroy, qui avait mis la création, telle que la croient les chrétiens, au rang *des pieuses fictions de quelques chroniques religieuses*, il s'écrie bien justement : *Se serait-on attendu à une attaque de nos livres sacrés à la tête d'un ouvrage de chimie* (2)? Cependant,

(1) *Il me semble que tous les volcans ont été une fois* sous-marins; *avant la* RÉFORMATION *de la terre, dont Moïse nous donne l'histoire dans la Genèse... Ces volcans éteints ont* (probablement) *précédé la* RÉFORMATION *de notre globe... Une partie de l'Europe doit avoir été couverte de volcans avant la* catastrophe (N. B.) *dont Moïse nous peint la* RÉPARATION *au premier chapitre de la Genèse.* (Réflex. gén. sur les Volcans, pour servir d'introduction, etc., par M. Sénebier, in-8°, 1795, p. 66.)

(2) *Introduction à la Physique terrestre*, par M. de Luc, in-8°, tom. I, p. 155, n° 120.

quand il vient lui-même à s'expliquer, il refuse de parler clair, et il se contente de dire *que les hommes n'ont rien su directement à cet égard* (1).

Dans un autre endroit, il nous dit *que c'est au moyen des observations géologiques qu'on peut savoir* SI *le monde a commencé et* COMMENT *il a dû commencer;* mais il ne parle que l'un *commencement d'arrangement,* et point du tout d'un *commencement d'existence*. D'ailleurs j'avoue que cette assertion, de la part d'un défenseur de la Bible, doit nécessairement étonner un peu. Tout en ne cessant d'exalter la Genèse, il se garde bien néanmoins de convenir qu'elle attribue à Dieu *la création de l'univers ou de la matière* : il n'est pas si complaisant. Il dit seulement *que la Genèse attribue à la sagesse* d'un être créateur *l'origine de diverses choses qui sont aujourd'hui et qui n'étaient pas jadis au pouvoir de la matière* (2).

(1) Ibid. p. 269, n° 193, et p. 272, n° 194.

(2) *Précis de la Philos. de Bacon.* tom. II, p. 131.

On voit à quoi se réduit la *création : à douer la matière*, comme disait Bacon. Mais de la création proprement dite, de la création *ex nihilo*, il n'en est pas question. Elle est même niée ici très-clairement; et de plus Moïse est appelé en témoignage de l'erreur. C'est un tic distinctif de l'école que j'ai en vue; mais écoutons encore l'interprète de Bacon :

« Bacon croyait que l'état actuel de la ma-
« tière et les différentes opérations qu'elle a
« subies jadis étaient seules accessibles à
« l'esprit humain. *Quant à l'acte même de la*
« *création, il le regardait comme étant infini-*
« *ment au-dessus des facultés des hommes, non-*
« *seulement pour le concevoir, mais même pour*
« *qu'ils eussent pu s'élever, par l'étude de la*
« *nature, à se former l'idée d'un tel commence-*
« *ment*, ni d'aucun autre, *de sorte qu'il fallait*
« *que Dieu* LE *leur eût révélé* (1). »

On reconnaît ici un véritable disciple de Bacon dans la dextérité qui appelle au secours

(1) Ibid. p. 128.

de la *doctrine intérieure* les petites obscurités de la grammaire.

On pourrait croire, au premier coup d'œil, que le pronom LE, employé à la dernière ligne de la dernière citation, se rapporte *à un tel commencement* autant qu'à *ni d'aucun autre;* on se tromperait néanmoins infiniment. L'auteur ne le rapporte qu'à *aucun autre*, et il veut dire « que *le commencement* EX NIHILO ne « peut être conçu d'aucune manière, et qu'à « l'égard du même *commencement cosmique* on « ne saurait pas mieux LE comprendre sans « la révélation. » Si l'on en doute, voici le commentaire qui éclaircira tout :

« Depuis que, par des connaissances succes« sivement acquises sur l'univers *créé* (1), re« montant aujourd'hui avec certitude jusqu'à « une époque où l'origine de diverses choses « qui le constituent essentiellement était hors

(1) On dirait qu'il y en a deux : l'un créé, et l'autre qui ne l'est pas ; mais il ne faut pas se laisser tromper à ce mot, qui ne signifie que *formé*. L'auteur, en le soulignant, nous avertit lui-même que le mot renferme un mystère.

« du pouvoir de la matière (1), nous trouvons
« que, dans la Genèse, le premier des livres
« qui ait existé (2), ces mêmes choses sont
« attribuées à la puissance et à la sagesse d'un
« être créateur, notre esprit *n'a plus rien à*
« *désirer* (3). »

Ce passage nous apprend plusieurs choses :

1° Que, sans les connaissances géologiques que nous avons acquises, la Genèse ne prouverait rien, puisque sans ces connaissances notre esprit aurait *quelque chose à désirer*, malgré la Genèse ;

2° Que la matière est un être actif en vertu de certains pouvoirs qui lui ont été délégués (sans en exclure d'autres) ;

3° Que la concession de ces pouvoirs enfin

(1) Il ne dit pas qu'alors la matière n'eût aucun pouvoir, mais seulement qu'elle n'avait pas *tels et tels pouvoirs* qu'on a découverts assez nouvellement.

(2) *Livres* est souligné par l'auteur. Ici je ne comprends pas le mystère, s'il y en a un.

(3) *Précis, etc.*, tom. II, p. 131.

est ce qu'on appelle *création*, puisqu'ils furent accordés à une matière déjà existante.

On voit qu'il ne reste plus de doute sur la concordance du mystérieux pronom.

Un autre passage très-remarquable, c'est celui où le savant interprète de Bacon, raisonnant sur ce passage du premier chapitre de la Genèse, *et l'esprit de Dieu se mouvait* (1) *sur les eaux*, nous dit : *Ici l'on ne saurait entreprendre de rien expliquer non plus que dans l'expression* **DIEU CRÉA.**

Assurément l'auteur du *Précis* a trop de justesse dans l'esprit pour comparer une expression allégorique avec une autre parfaitement claire pour nous dans le sens que nous lui donnons, et qui serait claire même pour celui qui ne croirait pas ce qu'elle exprime.

Si quelqu'un disait *qu'il a vu un homme à trois têtes parlant de ses trois bouches trois lan-*

(1) *Se mouvait*, traduction protestante. La Vulgate dit : *Ferebatur*, et le texte emploie, si je ne me trompe, le même verbe qui exprimerait l'*incubation*.

gues différentes, on lui dirait : *Ce que vous dites là n'est pas possible;* mais personne ne s'aviserait de lui dire : *Je ne vous comprends pas ;* car rien ne serait plus clair.

Lors donc que l'auteur du *Précis de la Philosophie de Bacon* nous dit (1) que cette expression *Dieu créa* ressemble à cette autre, *et l'esprit de Dieu se mouvait sur les eaux*, il ne se peut qu'il n'entende le mot *créer* dans le même sens que nous ; car ce mot est parfaitement clair, même pour celui qui nie la création : donc l'auteur du *Précis* a voulu dire (et n'a pu vouloir dire autre chose) que, la création *ex nihilo* ne pouvant être admise par la raison, le mot *créer* devenait un mot vague et allégorique, que chacun est bien le maître d'entendre discrètement de quelque manière plausible.

Il ne tiendrait qu'à moi de citer un assez grand nombre d'autres textes tirés du même ouvrage pour montrer à quel point le disciple

(1) *Précis*, *etc.*, ibid. p. 130.

s'accorde avec le maître sur le dogme de l'éternité de la matière; mais ceux que j'ai cités suffisent amplement pour attester ma bonne foi à l'égard de Bacon, en montrant que je ne l'entends point autrement que ne l'entendent ses amis et ses disciples les plus enthousiastes.

Telle est donc l'obligation que nous avons à l'école de Bacon. Elle nous ramène au paganisme : elle nous propose de croire la matière éternelle; mais elle est bien plus coupable que les philosophes de ces temps de ténèbres; car il s'en est trouvé parmi eux d'assez sincères pour rendre justice à Moïse, en convenant sans difficulté qu'il avait enseigné la création proprement dite EX NIHILO, et l'opposant même sur ce point aux philosophes grecs (1), tandis que cette malheureuse école, déjà si coupable en repoussant cette lumière qu'elle se vante si mal à propos de vénérer, commet

(1) *Galen. de usu part.* lib. II, ap. Stillingfleet, Orig. Sacræ, lib. III, cap. II, p. 441. 3e édit. cité par le docteur Leland dans sa Démonstr. Evang. tom. II, part. 1, cap. XIII, in-12, p. 230.

encore le nouveau crime de calomnier l'antique révélation divine, en lui prêtant une erreur impie, clairement proscrite par le premier mot de ses écrits.

On n'est point en droit, je le sais, de supposer qu'un homme admet nécessairement les conséquences nécessaires d'un principe qu'il défend, puisqu'il arrive très-souvent que ces conséquences ne sont point aperçues, ou que, par une heureuse inconséquence, on refuse de les tirer : il n'est pas moins vrai que tout défenseur d'un principe funeste est éminemment coupable et répond des conséquences. Je ne dirai donc point que tout homme qui soutient l'éternité de la matière est un athée; cela serait dur et faux même, je me plais à le croire. Cependant il ne faut pas moins convenir avec l'excellent docteur *Leland* (1) que les défenseurs de l'éternité de la matière ne sauraient être rangés parmi les véritables théistes du moins théoriques. Ce sont des *demi-théis-*

(1) Leland, Demonstr. Evang. loc. cit.

tes, comme l'a dit un autre docteur anglais (1). Dès qu'on a fait le pas d'admettre une existence quelconque indépendante de Dieu, on sent dans sa conscience que tout l'édifice du théisme branle, et que nous ne savons plus où poser le pied. Si la matière est nécessaire, pourquoi le mouvement, pourquoi l'esprit ne le seraient-ils pas? S'il peut y avoir plus d'un être nécessaire, si l'existence nécessaire, le plus bel attribut de la Divinité, n'appartient pas exclusivement à Dieu, comment l'ordre, la forme, l'arrangement de la matière éternelle seraient-ils moins indépendants de lui, et d'où lui viendrait le pouvoir sur elle? Peut-on se figurer aisément un être indépendant quant à l'existence, et dépendant pour tout le reste?

Nous ne concevons pas la création, nous disent Bacon et ses disciples. Etrange objection de la part d'un être aussi borné que l'homme! Mais afin de jeter sur ce point le degré de lumière qui dépend de nous, observons d'abord

(1) Cudworth. (Ibid.)

pour éclaircir les mots, c'est-à-dire les idées, que ce mot de *création* se prend dans deux sens différents; car tantôt il signifie la cause, ou l'acte de l'être créateur, et tantôt il représente l'effet ou l'existence commencée de l'être créé. Si nous ne concevons pas la création dans le premier sens, nous ne concevons pas mieux la génération, la végétation, la gravité, l'expansibilité, les affinités, l'élasticité, etc., toutes choses dont la réalité n'est pas douteuse; en un mot, nous ne connaissons aucune cause : d'où il suit que l'impossibilité de concevoir un effet quelconque n'est jamais une objection contre la réalité de la cause. *Aucun effort de l'intelligence humaine ne peut concevoir* l'acte de créer; je l'accorde : *donc la création est impossible;* — la conséquence est évidemment fausse.

Il est bien remarquable que, la *création* prise dans le second sens n'étant que *l'existence commencée*, aucune idée peut-être n'entre plus naturellement dans notre esprit. Nous en portons la preuve en nous-mêmes, puisque nous avons tous la conscience que notre pensée a commencé. Or, pourquoi le commencement de la substance pensante choquerait-il la raison plus que celui de la matière? L'auteur du *Précis de la Philosophie de Bacon* a commis d'ailleurs, en raisonnant sur ce sujet, une faute capitale contre une règle évidente de la logique, c'est que, *deux propositions nécessairement alternatives étant données, il n'est pas permis de n'en examiner qu'une*. Nous sommes placés entre deux suppositions, dont l'une ou l'autre est inévitable : *ou il y a une* création *proprement dite, ou tous les êtres sont nécessaires et éternels*. Il ne suffit donc pas d'argumenter contre la création ; il faut montrer en quoi et comment elle est moins admissible que l'éternité de la matière. Or, c'est ce que ne fait point ici l'interprète de Bacon. Par ses mystérieuses réticences il ne cesse de repousser le dogme de la création, mais sans jamais discuter l'hypothèse alternative, qui est cependant insupportable à l'intelligence, tandis que les objections contre la première, tirées de notre incapacité à la comprendre, sont évidemment nulles. En se bornant d'ailleurs à dire, fort mal à propos et sans aucune modification, *que l'idée de la création est infiniment au-dessus de nos facultés*, on ne dit rien, ou, ce qui est pire, on dit un rien, puisque, encore une fois, il n'y a pas de cause proprement dite *qui ne soit infiniment au-dessus des facultés de l'homme.*

L'auteur du *Précis* se permet de plus une autre faute non moins grave contre la grammaire philosophique, celle de donner dans la même phrase deux sens divers au même mot. *L'acte même de la création*, dit-il, *est si fort au-dessus de nos facultés...* (Voilà la *cause* ou *l'être créant*) *que les hommes n'ont jamais pu s'élever... à se faire une idée d'un tel* commencement, NI D'AUCUN AUTRE. (Voilà l'*effet* ou l'*être créé*) (1).

A-t-on jamais entendu rien d'aussi étrange que le nom de *commencement* donné à l'*acte qui fait commencer ?*

Voici un raisonnement parfaitement semblable à celui qu'on vient de lire : *Quant à l'acte même qui forme le poulet dans l'œuf, il est trop au-dessus des facultés de l'homme pour que*

(1) *Précis de la Philos. de Bacon*, tom. II, p. 128.

nous ayons pu nous élever, par l'étude de la nature ; à nous former une idée du poulet.

Le célèbre axiome **EX NIHILO NIHIL FIT**, que tous les matérialistes ou *matérialiens* (1) répètent après leur maître, renferme aussi un abus d'expression. Lucrèce, usant de la même forme de langage, aurait dit : *ex œre fit tympanum.* On dirait que le *rien* est une matière, quelque chose dont on nous dit qu'on ne peut rien faire. *On ne fait rien de rien :* sans doute que AVEC *rien* on ne fait rien ; mais changez l'énoncé, et dites : *Rien n'a pu commencer ;* c'est absolument la même chose, et cependant l'impression sera différente ; j'en atteste la bonne foi de tout lecteur : tant il est essentiel que le langage philosophique soit rigoureusement juste ! Tout *effet* commence au moment où sa *cause* opère. Tout ce que nous voyons est un *effet*, comme nous le disions plus

(1) Ce mot ou tout autre du même sens serait indispensable pour désigner cette foule de philosophes qui, sans se déclarer expressément *matérialistes,* accordent néanmoins trop à la matière et compromettent les vrais principes.

haut, et il y a peu d'idées qui entrent plus naturellement dans notre esprit que celle d'*effet* ou de *commencement*. On ne saurait, sans attrister également la logique et la conscience, argumenter de l'obscurité de la *cause* contre la certitude ni même contre l'intelligibilité de l'*effet*.

CHAPITRE VI.

CAUSES FINALES.

Il n'y a qu'ordre, proportion, rapport et symétrie dans l'univers. Si je laisse errer mes regards dans l'espace, j'y découvre une infinité de corps différemment lumineux. Ce sont des soleils, des planètes ou des satellites, et tous se meuvent, même ceux qui nous paraissent immobiles. L'homme a reçu le triangle pour mesurer tout : s'il fait tourner sur elle-même cette figure féconde, elle engendre le solide merveilleux qui recèle toutes les merveilles de la science. Là se trouve surtout la courbe planétaire; comme toutes les autres courbes régulières, elle est représentée et reproduite par le calcul. Un homme immortel a découvert les lois des mouvements célestes; il a comparé les temps, les espaces parcourus et les distances. Le nombre enchaîne tous ces mouvements; la lune même, longtemps *rebelle* (1), vient aussi se ranger sous la loi commune, et la comète vagabonde est surprise de se voir atteinte et ramenée par le calcul des extrémités de son orbite sur son périgée. L'homme volant dans l'espace sur ce grain de matière qui l'emporte a pu saisir tous ces mouvements, il en fait des tables; il sait l'heure et la minute de l'éclipse dont il est séparé par vingt générations passées ou futures; il pourra sur une feuille légère tracer exactement le système de l'univers, et ces figures imperceptibles seront à l'immense réalité ce que l'intelligence représentatrice est à la créatrice, semblables par la *forme*, incommensurables par les dimensions.

(1) *Sidus contumax* (Halley.)

Si l'homme regarde autour de lui, il voit sa demeure partagée en trois règnes parfaitement distingués, quoique les limites se confondent. Dans la matière morte il aperçoit cependant l'ordre, l'invariable division, la permanence des genres, et même une certaine organisation commencée. La cristallisation seule, par l'invariabilité de ses angles jusque dans ses derniers éléments, est pour lui une source intarissable d'admiration. Il croit connaître ce règne plus que les autres; mais il se trompe, car il ne connaît les choses qu'à mesure qu'elles lui ressemblent. Déjà il se reconnaît dans la plante (1); mais c'est à l'animal qu'il se compare plus particulièrement, il y arrive par la sensitive, et de l'huître il s'élève jusqu'à l'éléphant, où l'instinct semble faire

(1) *Vegetat à cranii tubere crustato*, caule *verticali*, *articulato*, *rigido*, *apposite ramoso*, *cui insident* folia, *carnosa*, *fibrosa*, *sparsa*, *apicibus*, *etiam affixa in musculos*, *prodeunte fructificatione genitalium è dichotomiâ ultimâ* caulis.

(Car. Linnæi syst. nat. Holm. 1758, in-8°, X^e^ édit. tom. I. Regn. anim. Princ.)

un effort pour s'approcher de la raison qu'il ne peut toucher. Entre ces deux extrêmes, quelle profusion de richesses! quelle délicatesse dans les nuances! quelle infinie diversité de fins et de moyens! Contemplez cette division ternaire de l'homme, cette tête où s'élabore la pensée; cette poitrine, règne du sentiment et des passions, cette région inférieure, réceptacle des opérations grossières! Trois organes principaux sont présents dans toutes les parties du corps par des prolongements de leur propre substance. L'homme est tout foie par les veines qui en partent; il est tout cœur par les artères; il est tout cerveau par les nerfs. Cette division ternaire, qui est frappante dans l'homme, se répète plus ou moins dans toute l'espèce animale à mesure qu'elle est parfaite; mais la nature s'est jouée dans l'insecte en *coupant* les principes pour les distinguer; et c'est encore cette humble espèce qu'elle a choisie pour montrer à l'homme dans les étonnantes métamorphoses de l'insecte une allégorie frappante; car, lui-même, n'est-il pas successivement *ver*, LARVE et *papillon?* Que l'homme rassemble toutes les forces de son âme pour admirer la merveille seule de la reproduction des êtres vivants. O profondeur! O mystère inconcevable qui fatigue l'admiration sans pouvoir l'assouvir! Qu'est-ce donc que cette communication de la vie? Que sont les sexes, et que faut-il croire? Le germinaliste, après avoir trouvé tant de raisons de se moquer de l'épigénésiste, s'arrête lui-même tout pensif devant l'oreille du mulet, et doute de tout ce qu'il croyait. Imprégnation, gestation, naissance, accroissement, nutrition, reproduction, dissolution, équilibre des sexes, balancement des forces, lois de la mort, abîme de combinaisons, de rapports, d'affinités et d'intentions manifestes, qui en prouvent d'autres sans nombre! Un ancien médecin observait que, *parmi les os qui forment, au nombre de deux cents, la charpente du corps humain, il n'en est pas un qui n'ait plus de quarante fins* (1). Le soleil est en rapport avec l'œil du ciron : les rayons du grand astre doivent pénétrer cet œil, se courber dans le crystallin et se réunir sur la

(1) Galen. in lib. de Form. fœt.

rétine comme sur celle du naturaliste qui cherche l'animalcule à l'aide du microscope; et comme rien dans la nature ne peut attirer sans être attiré (je dis dans la proportion des masses), comme le vaisseau de cent pièces qui attire à lui un canot s'en approche lui-même nécessairement, quoique dans une proportion insensible, de même dans le grand ensemble toutes les fins sont réciproques en proportion de l'importance comparée des êtres, et il est impossible que l'œil du ciron ait été mis en rapport avec le soleil sans que le soleil, à son tour, ait été proportionnellement fait pour le ciron; il y a même une contradiction logique dans la supposition d'une fin, d'une dépendance, d'une proportion, d'un rapport quelconque *non réciproque*.

La démonstration de l'ouvrier par l'ouvrage est vulgaire; elle se présente à tous les esprits, et s'adapte à tous les degrés d'intelligence. Si elle appartient en particulier à quelqu'un, c'est à Cicéron; car il n'y a point, à proprement parler, de pensées neuves : toutes sont communes jusqu'à ce qu'elles soient saisies par un homme qui sache les revêtir d'une de ces formes qui n'appartiennent qu'au génie. Alors elles sont tirées de la foule, et deviennent la propriété de celui qui a su les distinguer ainsi. C'est donc Cicéron qui a dit : *Quoi ! la sphère d'Archimède prouve l'existence d'un ouvrier intelligent qui l'a fabriquée, et le système réel de l'univers, dont cette machine n'est que l'imitation, n'aurait pas la même force* (1) ! Il serait difficile de présenter le grand argument d'une manière plus heureuse.

Les causes finales étant le fléau du matérialisme, les philosophes modernes, dont Bacon est le chef incontestable, n'ont rien oublié pour se débarrasser d'un argument qui gênait si fort les matérialistes et même les philosophes qui, sans être précisément matérialistes, inclinaient cependant plus ou moins vers les doctrines matérielles ; car l'esprit d'un système le précède, et de plus le *déborde* tou-

(1) *Archimedem arbitramur plus valuisse in imitandis sphæræ commutationibus quàm naturam in efficiendis.* (Cic. de Nat. deor, II, 35.)

jours, s'il est permis de s'exprimer ainsi, en s'étendant au-delà de ce qui forme l'essence rigoureuse de ce système.

L'orgueil entre aussi pour beaucoup dans l'attaque générale faite contre les causes finales. Ce qui frappe tous les yeux, ce qui est à la portée de tous les esprits ne suffit point à l'orgueil philosophique : il rejette une preuve qui s'adresse à tous les hommes. Dieu le fatigue d'ailleurs, et nulle part il n'aime le rencontrer : cest un des caractères les plus saillants de la philosophie de notre siècle, si naturellement amoureuse de Bacon par raisou d'affinité.

C'est à cette dernière considération surtout qu'il faut attribuer la mauvaise humeur, l'irritation sensible que manifestent nos philosophes toutes les fois qu'il s'agit de causes finales; et Bacon, chef de cette vile secte, a poussé sur ce sujet le délire au point de nous avouer naïvement qu'*Épicure même, parlant comme un enfant et ne disant que des mots, ne laissait pas que de lui causer un certain plaisir lorsqu'il l'entendait raisonner contre ce qu'on appelle*

LES CAUSES FINALES (1). Il faut avoir pris son parti sur une question pour oser faire un aveu semblable; mais tel est le caractère général de la secte : tout ce qui attaque la vérité est bien reçu des adeptes, même l'absurdité, et jamais il ne leur arrive de parler des causes finales de sang-froid ou de citer sans colère les philosophes qui s'en sont occupés, et qui en ont fait tout le cas qu'elles méritent. La source de cette colère est dans le cœur de celui qui refuse de voir ce qu'il refuse d'aimer : une preuve de l'existence de Dieu afflige ces hommes au pied de la lettre, et la découverte d'une objection même ridicule contre cette preuve est pour eux une véritable victoire (2). Nous venons d'entendre Bacon nous avouer naïvement qu'une absurdité dite contre les *causes finales* avait cependant le privilége de

(1) *Quin et Epicurum adversùs causarum (ut loquuntur) per intentiones et fines explicationem disputantem*, licet pueriliter et philologicè, *tamen* NON INVITUS AUDIO (Impet. Philos. Opp. tom. IX, p. 311.)

(2) Quelle misère cependant d'être loin de celui qui est partout!!! (S. Aug. in Ps. XCIX.)

l'amuser ; et, puisque le délire d'Épicure l'intéressait, on peut bien croire que la raison sublime de Platon le choquait. Aussi il est impossible d'exprimer la rage dont il est transporté contre ce philosophe. Tantôt il lui reproche *d'avoir toujours jeté l'ancre sur le même rivage* (1) ; tantôt (et c'est son expression favorite) il l'accuse *d'avoir* SOUILLÉ *la philosophie naturelle en y introduisant les causes finales et la théologie* (2). Mais c'est dans l'ouvrage des *Elans philosophiques* que le sang-froid l'abandonne tout à fait, et que, sous une forme dramatique, il apostrophe ainsi Platon : « Maintenant, je viens à toi, Platon, aimable « BADIN, poëte boursoufflé, théologien extravagant ! lorsque tu polissais et que tu met-

(1) *Plato in isto littore* (les causes finales) *semper anchoram figit.* (De Augm. Scient. III, 4. Opp. tom. VII, p. 196.)

(2) *Plato... suæ philosophiæ immiscuit Theologiam.* (Ibid. lib. I, p. 83.) *In causis finalibus operam trivit et eas perpetuò inculcavit.* (Ibid. III, 4, p. 197.) *Reperiet eumdem* (Platonem) *naturam non minùs Theologia, quàm Aristotelem dialectica*, INFECISSE. (Cogit. et Visa, de Interpr Nat. Opp. tom. IX, p. 173.)

« tais ensemble quelques aperçus philosophi-
« ques en te donnant l'air de dissimuler la
« science pour faire croire que tu la possé-
« dais (1). Tu as bien pu fournir quelques
« discours au banquet des hommes d'état et
« des gens de lettres, ou même ajouter quel-
« que agrément aux conversations ordinai-
« res; mais lorsque tu oses nous présenter
« faussement la vérité *comme une citoyenne de*
« *l'esprit humain, et non comme une simple*
« *habitante venue d'ailleurs* (2), et que sous le

(1) C'est, je crois, ce qu'on peut faire de mieux de la phrase suivante, où le jeu de mot sur les expressions *dissimuler* et *simuler*, *dissimule* passablement le sens : *Quum scientiam dissimulando simulares.* (Imp. phil. Opp. tom. IX, p. 305.)

(2) *Quum veritatem humanæ mentis incolam, veluti indigenam nec aliunde commigrantem mentireris.* (Ibid. p. 305.) Il faut toujours s'écrier avec le cardinal de Polignac : *Tantus amor nihili!* Cette fureur de dégrader l'homme est un caractère particulier de notre siècle. Bacon, qui est le père de cette vile philosophie, déclare ici Platon coupable de haute trahison pour avoir osé dire « Que la vérité est une *habitante naturelle* de l'esprit humain. » Il faut croire, au contraire, qu'elle est étrangère et seulement *admise.*— Mais par qui? Quelle puissance lui dit : ENTREZ? C'est la vérité

« nom de *contemplation* tu as appris à l'es-
« prit humain, qui n'est jamais assez attaché
« aux faits et aux choses, de se rouler dans
« l'obscurité et la confusion des *idoles*, alors
« tu commis un crime capital, et tu ne te
« rendis pas moins coupable, lorsque tu in-
« troduisis l'*apothéose de la folie en fortifiant*
« LES PLUS VILES PENSÉES (1) *par l'auto-*
« *rité de la religion*. Tu le fus moins, lorsque
« tu te rendis le père de la philosophie *ver-*
« *bale*, et que, sous tes auspices, une foule
« d'hommes distingués par les talents et la
« science, séduits par les applaudissements de
« la foule et contents de cette molle jouissance,
« corrompirent la méthode plus sévére d'ar-
« river à la vérité. Parmi ces philosophes il
« faut compter Cicéron, Sénèque, Plutarque,

sans doute qui reçoit la vérité ; c'est *elle*, qui reconnaît *elle*, de manière que, si la nouvelle arrivée n'est pas reçue par une précédente habitante, elle n'entrera jamais. *Stulti, aliquando sapite!*

(1) *Scelere haud minore stultitiæ apotheosim introduxisti et* VILISSIMAS COGITATIONES *religione munire ausus es.*

« et beaucoup d'autres encore qui ne les va-
« lent pas (1). »

Il est impossible de lire sans indignation cette étrange tirade, où la plus abjecte médiocrité le dispute à la plus révoltante insolence. Qui, jamais avant Bacon, osa présenter Cicéron, Sénèque et Plutarque comme trois *assembleurs de mots*, faits seulement pour amuser les oreilles du vulgaire? Le crime de ces philosophes était, aux yeux de Bacon, de *platoniser* dans leurs écrits, et celui de Platon est d'avoir dit « que le monde est l'ouvrage (je ne veux rien « dire de trop) d'un ouvrier éternel; que le « monde matériel et visible n'est que l'image « d'un monde intellectuel, modèle éternel « dont l'idée archétype préexistait dans l'in- « telligence suprême; que ce qui meut est « nécessairement antérieur à ce qui est mu, « comme ce qui commande l'est à ce qui obéit; « que tout mouvement, et la gravité en par- « ticulier, a son principe dans une âme; que

(1) Ibid. Impet. philos. cap. II. Opp. tom. IX, p. 305.

« l'homme doit faire tous ses efforts pour se « rapprocher de Dieu, l'imiter autant qu'il « est possible à notre faiblesse, le suivre et « l'aimer ; que si l'homme ne savait rien sans « l'avoir appris, il ne pourrait rien apprendre ; « *que Dieu est pour nous, par rapport aux* « *objets intelligibles, ce que le soleil est pour les* « *objets visibles* (1), *etc.*, *etc.*, *etc.* »

Ce sont ces *viles pensées* qui révoltent Bacon. Le philosophe, qui nous avertit si souvent *de ne rien chercher hors de la nature*, pouvait-il pardonner à Platon les idées originelles ou *innées* et le principe immatériel du mouvement ? Pouvait-il, à plus forte raison, lui pardonner le dessein de rattacher ses idées philosophiques à la source même de toutes les vérités ? C'est

(1) *Je ne crois pas qu'on lise rien d'aussi sublime dans aucun autre philosophe profane ; il semble que la raison ne puisse s'élever plus haut, si pourtant elle s'est élevée jusque-là d'elle-même.*

(M. l'abbé Grou, dans *la Morale tirée des Confessions de S. Augustin*, tom. II, in-12, Paris, 1786. Chap. XLI, p. 5.) Ouvrage excellent et pas assez répandu.

ce que le rêveur anglais appelle élégamment *faire l'apothéose de la folie* (1).

On dira peut-être que Bacon n'a point énoncé les dogmes platoniques qu'il avait en vue; mais tout homme qui connaît à fond les deux philosophes sait parfaitement que les reproches de Bacon ne tombent réellement, et ne peuvent même tomber que sur ce que Platon a dit de plus incontestablement vrai et de plus sublime.

Le grief, fait à ce grand homme d'*avoir souillé*

(1) Ce n'est pas, au reste, que Bacon n'ait su dire ailleurs *que les systèmes de philosophie qui admettent un peu de superstition et quelques contemplations sublimes, comme ceux de Pythagore et de Platon, sont les plus propres à prolonger la vie* (Hist. Vit. et Nec. n° 48. Opp. tom. VIII, p. 387); et ailleurs: *Platon était un homme d'un génie sublime, qui voyait tout du point élevé où il s'était placé.* (De Augm. Scient. III, 4. Opp. tom. VII, p. 192.) Mais tous ces éloges ressemblent aux citations de la Bible destinées uniquement à faire passer le mal. Si cependant on aime mieux considérer Bacon comme un homme sans principes fixes, écrivant selon l'impulsion du moment, et capable de porter alternativement sur les hommes et sur les choses, par défaut de conscience ou de solidité, ou de l'un et l'autre, des jugements diamétralement contradictoires, je n'empêche.

la philosophie naturelle en y introduisant les causes finales, est une des plus solennelles absurdités qu'il soit possible de lire dans les ouvrages d'un homme qui en a tant dit. Autant vaudrait précisément reprocher au Père Pétau d'avoir *souillé* la physique en y introduisant *les dogmes théologiques*. Platon est-il donc physicien ? et comment était-il obligé de savoir ce que personne ne savait, ni même ne voulait savoir de son temps ? ou de se livrer à la physique, si cette science ne lui plaisait pas, ou si d'autres lui plaisaient davantage ? Platon est tour à tour littérateur, moraliste, politique, métaphysicien, mais toujours théologien, au point que dans sa république même il a trouvé le moyen de parler distinctement de l'enfer, du purgatoire et de la prière pour les morts. Bacon, dans le fait, accuse donc Platon d'*avoir souillé la théologie en y introduisant la théologie*; car il ne faut pas être la dupe de ce mot de *causes finales*, qui n'est ici qu'un simple chiffre. Bacon savait bien, et tout le monde sait, que Platon ne s'est jamais occupé de *causes finales*, proprement dites, puisque les sujets qu'il a traités ne le permettaient pas. C'est *la source des causes finales*, c'est *Dieu lui-mê-*

me (1) que Bacon avait en vue, lorsqu'il accusait Platon d'avoir introduit *les causes finales* dans la philosophie. *Causes finales* ne signifie et ne peut signifier ici que *Dieu* (2).

La rage de Bacon contre toute idée spirituelle remontait à Pythagore, à qui Platon devait beaucoup. Le premier de ces philosophes n'ayant rien écrit, rien du moins qui soit arrivé jusqu'à nous, on ne saurait l'accuser d'avoir prêché les causes finales; n'importe : Pythagore, en sa qualité seule de philosophe spiritualiste et de théologien, se trouve suffisamment atteint et convaincu d'avoir fait l'*apo-*

(1) *Fontem causarum finalium*, DEUM *scilicet*. (De Augm. Scient. III, 4. p. 197.)

(2) Ailleurs il dit *la théologie*. C'est un autre synonyme. Toutes les fois que Bacon ou ses disciples modernes reprochent à quelque philosophe d'avoir mêlé les *causes finales* ou *la théologie* à la physique, ces deux expressions signifient toujours DIEU. On ne doit le mêler à rien ; on ne doit point le voir ni même le chercher dans la nature : *la matière douée* nous suffit. On a pu dire dans les siècles d'ignorance: *Mens agitat molem ;* maintenant il faut dire : *Moles sine mente movetur.*

théose de la folie. Bacon trouve donc que *la superstition de Pythagore est plus grossière et plus fatigante que celle de Platon* (1) ; *et qu'elle est plus propre à fonder un ordre de moines qu'une école de philosophie ; ce que l'événement a prouvé*, dit-il, *puisque cette doctrine a eu moins d'affinité avec les différents systèmes de philosophie qu'avec l'hérésie des Manichéens et la superstition de Mahomet* (2).

Bacon parle des plus grands hommes précisément comme on a droit de parler de lui. La comparaison de Pythagore avec Manès et Mahomet est à la fois la plus insultante et la plus folle qu'il soit possible d'imaginer.

Pythagore étudia pendant vingt-deux ans l'astronomie et les mathématiques dans les

(1) *Cum superstitione magis crassâ et onerosâ.* (Nov. Org. I, 1, n° LXV.) Le savant auteur du *Précis* traduit : *plus chargée de superstition* (*Précis de la Philosophie de Bacon*, tom. I.) Cette traduction n'est pas rigoureusement exacte.

(2) *Cogitata et visa de Interpr. Nat.* (Opp. tom. IX, p. 174.)

sanctuaires d'Egypte (1) : six siècles avant notre ère, il connaissait le véritable système du monde ; il expliquait les apparences bizarres de Vénus ; il enseignait la conversion de l'eau en air, le retour de l'air en eau et mille autres choses curieuses dont le souvenir vague a fourni au brillant Ovide les matériaux du seizième livre de ses *Métamorphoses*. Bon géomètre pour son siècle, il trouva la démonstration du carré de l'hypoténuse. Il voyait dans le monde une intelligence suprême ; il disait que notre premier soin devait être de nous rendre semblables à Dieu, et le cri laconique de son école était SUIVEZ DIEU. Il disait encore *qu'il était impossible de se trouver dans un temple sans se sentir meilleur*. Un mot de son illustre fille, arrivé jusqu'à nous, donne une haute idée de la morale qu'on professait chez son père (2). Ses

(1) Δυὸ δὲ καὶ εἴκοσιν ἔτη κατὰ τὸν Αἴγυπτον ἐν ἀδύτοις διετέλεσεν ἀστρονομῶν καὶ γεωμετρῶν. (Iambl. in vitâ Pyth. cap. IV.)

(2) On lui demandait un jour dans combien de temps une femme pouvait se présenter à l'autel et y faire son offrande, après un tête à tête familier avec un homme? L'honnête

disciples enfin furent des hommes d'état ou même des législateurs : ce n'est pas tant mal, comme on voit. Quant aux erreurs qu'il professa, sans examiner ce qu'il est permis de rejeter au nombre des énigmes et des allégories qu'on ne compred pas, Bacon voulait-il donc que Pythagore en sût autant que le seizième siècle de notre ère ? Ce qu'il y a de sûr, c'est que Pythagore fut un homme extraordinaire pour l'époque où il vivait, et que la haine dont Bacon l'honore n'est pas plus difficile à expliquer que sa tendresse pour Démocrite et Epicure.

Après ces réflexions générales, j'exposerai succinctement les différentes attaques faites contre les causes finales.

matrone répondit : *Si c'est avec son mari*, sur-le-champ même ; *si c'est avec un autre*, jamais.

§ Ier.

PREMIÈRE OBJECTION.

La recherche des causes finales s'oppose à celle des causes physiques.

Le grand reproche que Bacon fait à la recherche des *causes finales* (il vaudrait mieux dire *intentionnelles*), c'est de nuire à celle des causes physiques : il est revenu souvent sur ce sujet avec la plus grande chaleur. Tantôt il nous dépeint les causes finales « comme des « *rémoras* qui arrêtent le vaisseau de la « science (1) ; tantôt il observe doctement que « la philosophie de Démocrite et de ses collè- « gues, qui ne voulurent reconnaître dans « l'univers ni Dieu ni intelligence, fut néan- « moins plus solide quant aux causes physi-

(1) *Instar remorarum, uti fingunt, navibus adhærentium.* (De Augm. Scient. III, 4. Opp. tom. VII, p. 196.)

« ques, et pénétra plus avant dans la na-
« ture (1) que celle de Platon et d'Aristote,
« *par cette seule raison que ces premiers philo-*
« *sophes ne perdirent jamais leur temps dans*
« *la recherche des causes finales* (2). » Ailleurs il nous apprend « que si les causes finales en-
« vahissent le cercle des causes physiques,
« *elles dévastent et dépeuplent misérablement*
« *cette province* (3).

Autant vaudrait précisément soutenir que les recherches anatomiques nuisent infiniment à la médecine. Qui nous empêche donc d'être anatomistes ou médecins, ou l'un et l'autre à

(1) Il aurait dû nous dire en quoi cette philosophie *pénétra plus avant que les autres dans la nature.* Mécanicien grossier, il ne voit dans la connaissance de la nature qu'une anatomie matérielle ; la secte la plus stérile comme la plus dangereuse, celle qui corrompit toujours les hommes sans leur apprendre *jamais* rien, lui paraît avoir *pénétré la nature* plus que toutes les autres, parce qu'elle l'avait *disséquée* et réduite en atomes imaginaires.

(2) *Hanc unicam ob causam quod illi in causis finalibus nunquam operam triverunt.* (Ibid. p. 197.)

(3) *Miserè eam provinciam depopulantur et vastant.* (Ibid. p. 197.)

la fois, suivant notre inclination et nos forces? *La découverte des causes finales*, dit-il, *peut être utile en métaphysique* (1); *mais elle ne sert de rien en physique*. Belle et féconde observation, qui ressemble tout à fait à celle-ci : *La connaissance des différentes constitutions politiques est fort utile à l'homme d'état, mais parfaitement inutile au mathématicien.*

Bacon et ses complices ne cessent de nous parler d'expérience, sans s'apercevoir qu'eux-mêmes raisonnent constamment sans expérience et contre l'expérience. Ils nous disent *que la recherche des causes finales nuit à celle des causes* RÉELLES (2) *et véritablement physi-*

(1) *Is in metaphysicis non malè ista allegarit; in physicis autem nequaquam.* (Ibid. p. 196.)

(2) Il faut bien se garder de passer sur ce mot de RÉELLES; car c'est un des arcanes de la *Philosophie de Bacon* que la physique seule est *réelle*, et cette idée a fait fortune parmi ses successeurs, comme nous le verrons plus bas. *Insensés!* qui ne voient pas ou ne veulent pas voir qu'il n'y a de *réellement réel* que ce qui ne leur paraît pas *réel*, que toutes les sciences, sans distinction, ont leur *réalité* dans l'intelligence qui les possède, que c'est le même principe

ques.—Nous leur répondons : « PROUVEZ ! « montrez-nous le *pourquoi* et le *comment?* « Citez-nous un seul physicien qui ait perdu « son temps à ces recherches qui vous font « tant peur, et que ce *rémora* ait arrêté dans « sa course? Citez-nous des livres faits sur ce « *fatal* sujet des causes finales, et qui aient « retardé la science? » Jamais ils ne l'entreprendront, par la raison toute simple qu'ils en imposent et que la chose n'est pas possible. L'homme qui n'est pas physicien de profession peut s'occuper exclusivement, s'il le juge à propos, de causes finales, et sans nul inconvénient. Qu'il croie *que l'huile est faite pour sa lampe, que les piquants de l'épi sont faits pour écarter les oiseaux, etc.*, qu'importe? il nourrit sa piété sans nuire à la science. Quant au physicien de profession, comment pourrait-il être détourné de son but principal par la considération des causes finales? Bacon a fait un livre intitulé : *l'Intérieur des choses*, en quoi il

qui juge de tout, et que la matière même n'est *réelle* que spirituellement.

ressemble tout à fait à ces voyageurs modernes qui ont composé dans leurs cabinets des descriptions de pays qu'ils n'ont jamais vus, rien n'étant moins connu de Bacon que *l'Intérieur des choses*. Nous en voyons ici une preuve remarquable; car s'il avait eu la moindre connaissance de ce pays, il aurait su : 1° que les causes physiques et les causes finales se trouvent ensemble; 2° que souvent elles sont identiques; 3° que l'étude et la vénération des causes finales perfectionnent le physicien et le préparent aux découvertes.

Celui qui découvrirait pour la première fois le grand ressort qui fait tourner l'aiguille d'une montre, n'apprendrait-il pas à la fois et que ce ressort donne le branle au mouvement, et qu'il a été placé dans le *barillet* POUR produire cet effet? Peut-on découvrir que les planètes sont retenues et mues dans leurs orbites par deux forces qui se balancent (quoi qu'il en soit de ces deux forces) sans découvrir en même temps qu'elles furent établies dans le principe POUR ce grand résultat.

Supposons qu'un fervent chrétien et un athée découvrent en même temps la propriété que possède la feuille des arbres d'absorber une grande quantité d'air méphitique (ou non respirable), le premier s'écriera : *O Providence ! je t'admire et je te remercie ;* l'autre dira : *C'est une loi de la nature.* Qu'on m'indique l'avantage du second sur le premier, même du côté seul des connaissances physiques.

Boyle, aussi recommandable par sa piété que par ses rares talents, et l'un des véritables pères de la physique expérimentale, a composé un ouvrage intitulé : *le Chrétien naturaliste*, destiné à prouver que cette science conduit nécessairement l'homme au Christianisme. On trouve encore dans ses OEuvres un *Recueil d'écrits sur l'excellence de la théologie, comparée avec la philosophie naturelle.* On y voit qu'il n'estimait cette dernière science que comme une alliée de la première.

Croirons-nous aux faits ou aux paroles ? à l'expérience ou à l'imagination ? à Boyle reculant les bornes de la science à laquelle il doit sa célébrité, ou à Bacon étranger aux premiers rudiments de physique et brouillé même irrémissiblement et par nature avec toutes les vérités de cette classe ?

J'ai cité Boyle : citons maintenant l'illustre Linnée, *et pietate gravem et meritis.* Pour exprimer le sentiment dont le pénétrait la contemplation des œuvres divines, il disait avec beaucoup d'esprit : *J'ai vu Dieu en passant et par derrière*, comme Moïse ; *je l'ai vu, et je suis demeuré muet, frappé d'admiration et d'étonnement* (1).

Buffon, s'il eût été animé du même sentiment, aurait égalé et peut-être surpassé Linnée. Malheureusement il crut à son siècle qui croyait à Bacon ; il se moqua des classifications de l'illustre Suédois; il ne vit que des individus dans toute la nature ; il se jeta dans les idées mécaniques; il fit des planètes avec des éclaboussures de soleils, des montagnes avec des

(1) *Deum sempiternum, omniscium, omnipotentem à tergo transeuntem vidi, et obstupui.* (Car. Linn. Syst. Nat. Regn. anim. Holm. 1758, x^e^ édit. p. 9.) Ce qui suit n'est pas moins beau : « J'ai su découvrir quelques traces de ses pas dans « les œuvres de la création ; et dans ses œuvres, même dans « les plus petites, même dans celles qui paraissent nulles, « quelle force! quelle sagesse! quelle inexplicable perfec- « tion! etc. » (Ibid.)

coquilles, des animaux avec des molécules, et des molécules avec des *moules*, comme on fait des gauffres; il écrivit les aventures de l'univers, et pour se faire le romancier du globe il en démentit le saint historien. Qu'a-t-il gagné à cette méthode! Haller, Spallanzani et Bonnet se moquèrent de sa physiologie; de Luc, de sa géologie (1), tous les chimistes en chœur honnirent sa minéralogie; Condillac même perdit patience en lisant le discours *sur la nature des animaux;* et la cendre de Buffon n'était pas froide, que l'opinion universelle avait déjà rangé ce naturaliste parmi les poëtes.

Ces deux exemples ne prouvent pas mal, ce me semble, que les causes finales ne nuisent point à la physique, et que, pour être un grand naturaliste, il ne suffit pas tout à fait de les rejeter.

L'un des plus grand chimistes de notre siè-

(1) Il appelle toute la Cosmogonie de Buffon *une fable géologique*, et ailleurs il s'écrie avec l'accent du dédain : *Toujours M. de Buffon sur la géologie!* (*Précis de la Philos. de Bacon*, tom. I, p. 251, 256.)

cle m'enseigne que l'huile ainsi que les substances résineuses peuvent se résoudre en eau, du moins en partie (1); et M. de Luc me dit, d'une manière plus générale, *que l'eau constitue la partie pondérable de l'air inflammable, et que tout combustible n'est inflammable que par l'eau; en sorte que, du moment où il a perdu son eau, la flamme cesse et la combustion s'achève dans les charbons* (2).

Je reçois ces vérités avec reconnaissance : c'est un aliment pour mon esprit, comme toute autre vérité; mais si je remercie pour cette pâture sèche et insipide, pourquoi l'apprêt de la piété la rendrait-elle moins précieuse pour moi? Ecoutons le bon Pluche, nous développant cette même théorie qui deviendra sous sa plume religieuse une véritable hymne au Créateur.

(1) *Even the oils and resinous substances can be resolved in part into water.*) Black's Lectures on Chemistry, in-4°, tom. I, p. 246.)

(2) *Introduction de la physique terrestre, etc.* in 8°, Paris, 1805, tom. I. *Mémoire sur la nouvelle Théorie chimique*, n° 93, p. 119.

« C'est la juste mesure d'eau renfermée avec « le feu dans tous les sucs huileux qui fait la « flamme du soufre, de la cire, du suif, des « graisses et des huiles. L'analyse, qui y re- « trouve cette eau, ne nous permet pas d'en « douter... C'est pour mettre l'homme à même « d'avoir toujours à sa portée et d'employer « prudemment cette substance si précieuse « que Dieu l'a renfermée d'une manière spé- « ciale dans les graisses et dans les huiles. J'i- « gnore ce que c'est que l'huile ; nous voyons « tous qu'elle est le commode réservoir qui « contient cet élément si terrible, si fugi- « tif. Avec ce secours nous tenons le feu « en captivité, malgré sa furie ; nous le « transportons où il nous plaît ; nous en ré- « glons à discrétion la quantité et la mesure, « et, quelque intraitable qu'il paraisse, il est « toujours sous nos lois. Ajoutons que Dieu, « en nous soumettant le feu, nous a soumis « la lumière même. Tels sont les magnifiques « présents dont il nous a gratifiés, en mettant « à notre portée les matières huileuses ; mais « l'homme, au lieu d'y voir les intentions de « son bienfaiteur, n'admire souvent que sa

« propre dextérité dans l'usage qu'il en sait « faire (1). »

Outre le mérite du style et celui de l'autorité, je trouve encore ici celui de la piété, qui ne *souille* nullement la physique.

Qu'on nous fasse comprendre comment et pourquoi la persuasion que le bœuf a été créé pour labourer mon champ m'empêchera d'examiner la nature de cet animal, d'en faire l'anatomie, d'étudier dans son corps l'espèce animale en général et l'espèce ruminante en particulier, etc.; comment il me sera impossible ou plus difficile de découvrir la parallaxe d'un astre, parce que je me serais faussement imaginé que Dieu l'a placé dans l'espace pour telle ou telle fin spirituelle, et même pour me réjouir la vue? J'ai beau regarder, je ne saurais voir là aucun *rémora*. Comment la reconnaissance pourrait-elle mettre des entraves à la science? La soif des découvertes est, au contraire, continuellement irritée par le besoin d'admirer et par le désir de remercier.

(1) *Spectacle de la Nature.*

Tout se réduit donc à la haine pure et simple des *causes finales*; et ce sentiment doit être soigneusement démêlé et jugé.

Bacon lui-même se contredit sur ce point d'une manière excessivement ridicule. *On se tromperait fort*, dit-il, *si l'on s'imaginait que la recherche des causes finales nuit à celle des causes physiques, pourvu qu'on sache restreindre la première dans de justes bornes. On peut croire, par exemple, que les cils de la paupière sont destinés à garder l'œil, sans refuser cependant de reconnaître la loi générale qui les a produits* (1)... *Car les deux causes s'accordent*

(1) Nam causa reddita quòd *palpebrarum pili oculos muniant*, nequaquam sanè repugnat alteri illi quòd *pilositas soleat contingere humiditatum orificiis*. MUSCOSI FONTES, etc. (Virg. Ecl. VII, 45. De Augm. Scient. III, 4. p. 147.) *V.* la Trad. de M. Lasalle, qui ne paraît pas s'être aperçu que ces mots *muscosi fontes* commencent un vers de Virgile.

Je suis persuadé que Bacon, en écrivant cette magnifique généralisation, fut réellement très-content de lui-même. Je ne la cite que pour faire remarquer un poralogisme commun à cette espèce de raisonneurs : il consiste à confondre un *fait* avec une *cause*, comme si la découverte ou la généralisation d'un *fait* avait quelque chose de commun avec la dé-

fort bien ensemble, excepté toutefois que l'une indique l'intention, *et l'autre une conséquence seulement.*

Ce sont ces *intentions* qui déplaisent : c'est pourquoi le *Précis de la Philosophie de Bacon* nous avertit si souvent « de ne pas prendre « des *usages* pour des *intentions;* » autrement un homme qui mange une pomme serait exposé à croire qu'elle est faite pour lui, ce qui fait véritablement trembler.

Mais enfin, puisque Bacon avoue expressément *que la recherche de l'une des causes ne nuit point à l'autre*, que veut-il donc nous dire, et pourquoi écrit-il? C'est *un insensé qui dit dans son cœur : Il n'y a point de causes finales*, et qui s'aveugle lui-même pour aveugler les autres.

Pascal, qui voyait Dieu partout, ne l'a jamais chargé immédiatement de soutenir le

couverte d'une *cause*, comme si, par exemple, on aurait trouvé la cause de l'électricité, si l'on pouvait établir l'identité de ce phénomène avec celui du galvanisme.

mercure dans le baromètre ; il s'en est fié pour cela au poids de l'air : et cependant il remerciait Dieu de tout son cœur d'avoir créé l'air pour l'homme, n'ayant pas le moindre doute qu'il n'y eût une relation évidente entre l'air et le poumon des animaux, comme entre l'œil et la lumière. D'où vient donc cette colère contre les intentions? car, jamais une intention supposée dans une cause n'a empêché de rechercher cette cause : encore une fois donc, d'où vient cette colère? Ah! il est trop visible que la source en est dans le cœur qui argumente contre l'esprit.

§ II.

SECONDE OBJECTION.

La recherche anticipée des causes finales a favorisé l'athéisme.

Tout s'étant perfectionné depuis Bacon, mais surtout l'erreur, l'interprète de ce philosophe, en nous développant les idées de son maître, a poussé plus loin que lui l'attaque contre les causes finales : il a prétendu qu'elles avaient altéré la croyance à l'existence de Dieu. On ne s'attendait pas sans doute que la pieuse contemplation des œuvres de Dieu eût la vertu de créer des athées. Écoutons le docte auteur du *Précis*, et nous verrons que, si la métaphysique peut faire extravaguer la physique, celle-ci s'est bien vengée dans l'ouvrage que nous citons.

« Le but de Bacon, dit-il, était de préve-
« nir qu'on ne continuât, comme on l'avait
« fait alors, d'édifier et de démolir dans le
« champ des causes finales ; ce qui avait pro-
« duit le *scepticisme*, c'est-à-dire le *doute* (1) à
« l'égard de la croyance générale des hom-
« mes sur l'existence d'une divinité qui s'est
« révélée au genre humain (2). » (*Précis de la philosophie de Bacon*, tom. II, p. 164.)

(1) *Le scepticisme, c'est-à-dire le doute !* Bonne et solide explication.

(2) On dirait qu'il y a plusieurs divinités, l'une qui a bien

Rien n'est plus fréquent dans la philosophie moderne, et rien n'est plus impatientant que le reproche adressé ordinairement avec une tristesse hypocrite aux livres philosophiques des théistes *d'avoir nui à la religion en défendant mal une bonne cause*. Voici encore un disciple de Bacon qui nous répète (et pour cette fois sans mauvaise intention, j'en suis bien sûr) *que l'abus d'édifier et de démolir sans cesse dans le champ des causes finales avait produit le scepticisme*, c'est-à-dire le doute, *à l'égard de la croyance générale des hommes*, etc.

Il nous aurait fait un très-grand plaisir, s'il avait daigné nous nommer quelques-uns de ces livres des théistes qui ont produit un doute monstrueux sur la première des vérités. Est-ce Abbadie, ou Clarke, ou Fénélon, etc., qui lui déplaisent? qu'il nous dise, enfin, quels sont les livres qui le scandalisent! Mais il s'en gardera bien.

voulu se révéler au genre humain, d'autres moins civiles à notre égard, qui ont gardé leurs secrets pour elles.

J'aurais voulu encore être à portée de lui demander une grâce essentielle, celle de vouloir bien me déclarer sur son honneur combien il a rencontré dans sa vie de malheureux devenus athées ou sceptiques par la lecture des livres théistes.

Et quant à l'athée proprement dit, j'aurais voulu lui demander de plus s'il a jamais rencontré de cécité produite par la lecture d'un mauvais livre sur la lumière? Il en est de même de l'athéisme, qui est la cécité de l'âme. Cette maladie ne réside point ou ne commence point dans l'intelligence. Nul homme n'a cessé de croire en Dieu, avant d'avoir désiré qu'il n'existât pas; nul livre ne saurait produire cet état, et nul livre ne peut le faire cesser. jamais on n'a rencontré et jamais on ne rencontrera un homme perverti par une mauvaise démonstration de l'existence de Dieu. Pour les athées aucune démonstration n'est bonne, pour les croyants elles le sont toutes.

Cette expression de *causes finales* est prise en deux sens différents, tantôt pour les signes d'intelligence qui se manifestent de toutes parts dans l'univers, et tantôt pour la fin particulière de chaque phénomène individuel : or, comme on n'a pas la certitude d'avoir rencontré juste sur ce dernier point, le meilleur esprit peut se trouver en contradiction avec un autre sur une fin particulière, et lui-même peut changer d'avis à cet égard ; c'est ce qu'on appelle (du moins c'est la supposition la plus favorable que nous puissions faire) *édifier et démolir dans le champ des causes finales*, en ajoutant avec une sage profondeur : *Voilà ce qui produit le scepticisme ;* mais cette confusion d'idées est trop grossière. Qui jamais a confondu la *fin* d'une machine avec l'*artifice* qui l'a produite ? L'un dit : *Cette pompe est destinée à éteindre les incendies ;* un autre, ou le même dit ensuite : *Elle est faite pour arroser les places publiques ;* c'est donc là, je suppose, ce que le disciple de Bacon appelle *édifier et démolir ;* ce qui selon lui *a produit le scepticisme*. Mais, je le demande, que dirait-on de ce raisonnement lumineux ? *On ne connaît pas avec une parfaite certitude* les fins *ou* toutes les fins *de cette machine*, *dont elle ne porte aucun signe d'intelligence*. C'est cependant sur cet étrange paralogisme que repose l'objection entière, et cette objection est si chère à l'auteur du *Précis* qu'il en vient enfin à soutenir, d'après son maître, que les efforts faits pour découvrir l'ouvrier dans l'ouvrage sont capables de compromettre l'édifice entier de la révélation.

« Bacon, dit-il, exhortait donc les hom-
« mes à ne point mettre en danger par leur
« impatience le précieux dépôt de la révéla-
« tion, *ce port*, disait-il, *ce lieu de repos* de
« toutes les contemplations humaines, en fai-
« sant dépendre *leurs idées de théisme* DE CE
« QU'ILS CROYAIENT TROUVER D'ORDRE
« dans l'univers (1), souvent sans rien con-
« naître de ce qui se passe autour d'eux, ou
« en le jugeant mal (2). »

(1) L'auteur avait envie d'écrire *l'ordre qu'ils croyaient trouver* dans l'univers ; mais la main lui tremble, et il déplaît moins à son excellente conscience en écrivant *ce qu'ils croient trouver d'ordre, etc.*, comme il a dit plus haut, *leurs idées de théisme* au lieu de *leur croyance en Dieu.*

(2) *Précis de la Philosophie de Bacon*, tom. II, p. 288. Toujours le même sophisme : *partout où le but n'est pas prouvé* l'ordre *ne l'est pas*. Tandis que la vérité se trouve dans l'axiome contraire : TOUT ORDRE EST FIN.

C'est-à-dire, *Ne faites pas dépendre vos idées sur l'existence de Dieu de l'ordre que vous croyez voir dans l'univers ; car vous ne savez pas, à beaucoup près, la physique assez pour reconnaître cet ordre. Tous les philosophes théistes se sont égarés jusqu'à nos jours en croyant le voir; et non-seulement les anciens, mais, par malheur encore*, les spéculateurs chrétiens, *en raisonnant sur ce grand sujet, ont donné prise à l'athéisme.* LA PATIENCE *doit durer jusqu'à ce que nos infatigables travaux dans les sciences naturelles nous aient fait découvrir une cause générale non intelligente; unique manière de prouver que l'intelligence préside à tout dans l'univers* (1).

(1) *Ce n'étaient pas seulement les* Épicure, *les* Démocrite, *les* Aristote, en un mot, *les athées*, *que* Bacon *avait en vue : c'étaient les* Socrate, *les* Cicéron, *ces théistes qui avaient cherché à s'élever par leurs propres forces à la connaissance de l'Être suprême.... Il en a été de même parmi les* spéculateurs *depuis que les lumières de la révélation ont été répandues par le Christianisme.* (Précis, tom. II, p. 187.)

N'ayez pas peur que l'auteur cite un seul de ces *spéculateurs* : c'est une loi invariable que j'ai déjà fait observer. Il

Et que dirons-nous de cette incroyable idée *qu'en admirant l'ordre dans l'univers nous* EXPOSONS *l'autorité de la révélation ;* de manière qu'en voyant l'ordre, et par conséquent *Dieu* dans l'univers, nous croirons moins, ou point du tout, au livre qui nous enseigne que Dieu est, en effet, l'auteur de cet ordre ! ! !

Que je plains les hommes, et surtout les hommes de mérite, que le préjugé ou l'engagement conduisent ainsi à tourmenter la raison pour la faire déraisonner !

. . . . Nihilo plus agunt
Quàm si dent operam ut cum ratione insaniant.

Il n'est pas inutile, à beaucoup près, d'observer ici que les deux expressions de *causes finales* et de *théisme* sont synonymes pour l'auteur du *Précis*. En effet, Bacon ayant dit,

eût été agréable de l'entendre dire : *Fénélon, qui a fait dans son ouvrage sur* l'existence de Dieu *un si grand usage des causes finales, a donné prise à l'auteur du* Système de la nature.

Mais jamais on ne nommera.

comme nous l'avons vu, « qu'il préférait in-
« finiment à la philosophie de Platon celle de
« Démocrite, qui pénétrait plus avant dans
« la nature *sans avoir besoin de Dieu*, ou
« comme il l'a dit en latin-français, *ampliùs*
« *Deo non fuit opus* » (1), son disciple traduit: *sans intervention de causes finales* (2). Il intitule d'ailleurs un de ses chapitres : *Des causes finales*, OU *du théisme* (3). Ainsi il ne reste plus l'ombre du doute sur ce point. OU étant un signe d'équation, les deux termes qu'il sépare sont égaux, et nous sommes les maîtres de prendre l'un pour l'autre à volonté (4). Les défenseurs des causes finales se trouvant donc ici accusés d'avoir *édifié et démoli dans le champ*

(1) De Augm. Scient. III, 4.

(2) *Précis*, tom. II, p. 149.

(3) Ibid. tom. II, Appendice, p. 144.

(4) Cette substitution que l'auteur ne peut nous interdire l'embarrasserait peut-être un peu, s'il nous plaisait d'en faire usage dans les nombreux endroits de son livre où il félicite formellement Bacon *d'avoir chassé de la physique* LES CAUSES FINALES. Je serais curieux de l'entretenir sur ce point, s'il existe encore pour l'honneur des sciences et pour le bonheur de ses amis.

du théisme, ils sont par-là même en droit de sommer le docte interprète de Bacon de nous spécifier clairement ses travaux en *plus* et en *moins* faits dans le *champ* sacré, et de nous expliquer sans le moindre détour *ce que le genre humain a soutenu et nié alternativement dans le champ du théisme*, ou, en d'autres termes, *ce qu'il a* dit, *et de quoi il s'est* dédit *sur la question de l'existence de Dieu.*

Il n'y a donc pas d'idée plus creuse que celle de ce prétendu scepticisme né des recherches indiscrètes sur les causes finales; mais quand il serait vrai que les efforts, faits par une pieuse philosophie pour découvrir de tous côtés *les traces divines* (comme dit Linnée), seraient capables d'opérer en mal sur l'esprit d'une poignée de mécréants et de fous immoraux, que nous importe? On nous parle de ces gens-là comme d'une foule imposante. Dieu merci il n'en est rien; on les compte sans peine et à peine comptent-ils. Si les doctrines qui nous édifient et nous éclairent les choquent et les endurcissent, tant pis pour eux. On ne voit pas pourquoi le bon sens et la piété du genre humain se gêneraient pour quelques têtes à l'envers.

§ III.

TROISIÈME OBJECTION.

Les causes finales rapportent tout à l'homme.

L'homme étant le chef et le but de la création terrestre, et tenant d'ailleurs une place sublime dans la création universelle, il ne fait qu'user de son droit en contemplant surtout les êtres dans leurs rapports avec lui : or, c'est ce que la philosophie de notre siècle ne peut souffrir, tous ses efforts ne tendant qu'à dégrader l'homme. « Notre faiblesse, dit Bacon, qui donne toujours le signal, se fait « principalement sentir dans la recherche « des causes ,.... *qui, au fond sont tout à fait* « *inexplicables*... Mais, pour avoir voulu les « expliquer, l'entendement humain retombe « dans tout ce qui le touche de trop près, « dans les causes finales *qui tiennent plus à*

« *la nature de l'homme qu'à celle de l'uni-*
« *vers* (1). »

L'auteur du *Précis* traduit ici son maître; mais il n'ose pas le traduire exactement. Bacon a dit : « L'inquiétude de l'esprit humain « se fait surtout sentir dans la recherche des « causes; car, les principes premiers (ou les « causes généralissimes), *devant être positifs* « *dans la nature et pris comme ils se trou-* « *vent* (2), ne sauraient eux-mêmes avoir de « cause; cependant l'esprit humain, qui ne « sait pas s'arrêter, tâche encore de s'élever « à quelque chose de plus connu (3). »

(1) *Précis de la Philos. de Bacon*, tom. II, page 159.

(2) On a vu plus haut ce que c'est qu'un *principe positif* qui doit être pris COMME IL EST (Sup. p. 121.) L'argot de Bacon ne sera plus un chiffre pour personne.

(3) *At majore cum pernicie intervenit hæc impotentia mentis in inventione causarum: nam quum maximè universalia in naturâ positiva esse debeant, quemadmodum inveniuntur, neque sint reverà* CAUSABILIA, *tamen intellectus humanus, nescius acquiescere, adhuc appetit notiora.* (Nov. Org. lib. I, n° XLVIII. Opp. tom. VII, p. 11.)

Cette inquiétude de l'homme, cet élan vers les causes, que

L'auteur du *Précis*, qui n'a pu s'empêcher de se dire dans sa conscience : MAESTRO, IL SENSO LOR M'È DURO (1), a pris le parti de l'atténuer, et il se contente de nous dire que *les causes sont au fond tout à fait inexplicables :* en quoi il nous montre seulement qu'il a très-bien compris et qu'il ne veut pas que nous comprenions. Mais la métaphysique de Bacon est maintenant parfaitement connue, et peut être renfermée en quelques lignes. *La science est une pyramide dont les faits particuliers forment la base. Bientôt on s'élève aux premières causes, puis à de plus générales, et ainsi de suite, jusqu'à ce qu'enfin on arrive aux causes généralissimes où la pyramide est tronquée. Là il faut s'arrêter, et bien se garder de chercher quelque chose de supérieur et de plus connu; car les causes pre-*

Bacon appelle ici *impotentia mentis*, le choquait infiniment. Chaque caractère divin gravé sur le front de l'homme était une tache pour son œil animal.

(1) *Maître, ces paroles me sont bien dures.* (Dante, inf. III, 4.)

mières ne pouvant en avoir, elles sont positives et doivent être prises comme elles sont. *Le philosophe ne se forme même l'idée d'aucun commencement, et la sainte Ecriture est d'accord, puisqu'elle nous dit bien que Dieu créa* le monde, *mais non* la matière.

On peut croire qu'une philosophie de cette espèce n'aime pas les *fins*, et encore moins les *fins qui se rapportent à l'homme*. L'auteur du *Précis* traduit encore mal ici son maître. Celui-ci reproche aux causes finales *de se rapporter* ENTIÈREMENT *à la nature de l'homme plutôt qu'à celle de l'univers* (ce qui les démontrait fausses suivant lui). L'auteur du *Précis* traduit : *Elles tiennent plus à la nature de l'homme qu'à celle de l'univers* (1) ; tournure qui affaiblit beaucoup l'erreur de Bacon ; car, quoique l'homme ne fasse, comme je viens de le dire, qu'user de ses droits en rapportant tout à lui, cependant on ne sau-

(1) *Quæ sunt* PLANÈ *ex naturâ hominis potiùs quàm universi.* (Nov. Org. loc. cit.)

rait avancer, sans une exagération visiblement calomniatrice, qu'il ne pense qu'à lui dans la contemplation des causes finales, puisqu'il est notoire qu'à chaque instant tous les hommes, et surtout les naturalistes, examinent les fins dans les rapports infinis des êtres entre eux et avec l'univers, en faisant totalement abstraction de l'homme.

A l'égard des causes finales dans leur rapport particulier avec l'homme, la question s'adresse à l'amour plus qu'à l'intelligence. *L'œuf de la poule est-il fait pour nous faire des omelettes?* il y a de fort bonnes raisons pour répondre affirmativement ; mais quant à la question de l'intention et de la *fin* abstraite, qu'importe? La fabrique de l'œuf, comme toutes les autres choses du monde, suppose-t-elle ou non un ouvrier intelligent? C'est de quoi il s'agit. Deux erreurs capitales doivent être remarquées sur ce sujet. On suppose d'abord assez fréquemment qu'en assignant *une fin* on exclut les autres ; rien n'est plus faux. Je lis que la lune a été créée, *ut præesset nocti* : fort bien, mais sans préjudice des fins plus profondes, que je respecte toutes. Assurément Moïse aurait produit un bel effet sur l'esprit des Hébreux, s'il avait dit que la lune avait été créée *pour opérer les marées!* Et quand il l'aurait dit, on pourrait toujours reproduire le même argument qu'on fait très-mal à propos contre le texte cité; car très-certainement la lune a bien d'autres destinations dans l'univers que de soulever l'Océan deux fois par jour. Le soleil lui-même contribue aussi aux marées, et, de plus, il est chargé de mûrir les laitues; ce qui n'empêche nullement qu'il n'ait encore reçu d'autres missions.

En second lieu, les philosophes ennemis des fins se donnent le tort impardonnable d'introduire du hasard et des inconvénients dans les ouvrages divins. Parce que l'homme est souvent trompé dans ses vues, forcé par les circonstances et entraîné au-delà de ses fins primitives par des accidents imprévus, il transporte sottement cette faiblesse à Dieu. La philosophie accuse souvent le commun des hommes de faire Dieu semblable à eux : c'est bien elle qui commet cette faute en raisonnant ainsi sur les fins. Elle nous dira, par exemple : *Vous me prouvez bien que vous usez d'une foule d'animaux, que vous savez vous en faire obéir, et que vous exercez en général un grand empire sur toute l'espèce animale : ce fait même n'a pas besoin de démonstration ; mais il prouve seulement que vous* possédez *cet empire; prouvez maintenant qu'on vous l'a* donné (1).

Cette objection, dans la bouche d'un philo-

(1) Buffon, qui avait pris pour devise ce passage d'une certaine ode :

> Plus content de vivre en personne,
> Six jours que le destin me donne,
> Que six cents ans chez nos neveux ;

Buffon, dis-je, observe dans l'histoire naturelle du chien « que l'homme n'aurait jamais pu dominer les animaux, s'il « n'avait eu l'adresse de se *faire un parti* parmi eux. » Nous l'avons échappé belle ! Si nous n'avions pas eu l'art de corrompre le chien, s'il n'avait pas consenti bassement à se rendre l'instrument de notre domination pour le plaisir grossier de se chauffer à notre foyer et de manger dans nos assiettes, les lièvres brouteraient la salade sous nos fenêtres et les loups nous brouteraient nous-mêmes. C'est le chien qui nous a donné le sceptre; mais, sans prétendre l'excuser tout à fait, c'est cependant une justice de convenir que jamais peut-être il n'a existé de traître plus fidèle.

sophe qui se dit théiste, est le comble de la déraison, puisqu'elle suppose que l'un des grands faits de l'univers, *la domination de l'homme sur les animaux*, a eu lieu, au pied de la lettre, *à l'insu de Dieu*. En effet, s'il l'a su il l'a voulu, et s'il l'a voulu c'est une *fin*.

Quant à l'athée, il raisonne encore plus mal, s'il est possible, en attaquant ce qu'on pourrait appeler *fins humaines*. Nous ne lui citons, lorsque nous argumentons contre lui, que l'ordonnance générale de l'univers qui démontre une intelligence; il serait trop ridicule de parler de la bonté de Dieu à celui qui n'en reconnaît pas même l'existence.

Ainsi lorsque nous remercions Dieu de ses dons *et de tout ce qu'il a créé pour nous*, le théiste et l'athée qui nous reprennent ont également tort : le premier, parce que, sans s'en apercevoir, il nie ce qu'il admet; et le second, parce que, nos discours ne s'adressant point à lui, il n'a pas droit de prendre la parole et de nous interrompre indiscrètement.

Qu'il est essentiel de s'exprimer exactement! En disant : *Un tel être existe pour cette fin*, on peut dire une chose plausible et même évidente ; en disant : *Un tel être n'existe que pour cette fin*, on peut dire une absurdité.

Nous devons cependant bien nous garder d'être trop modestes sur ce point et d'oublier notre dignité. Si l'on considère l'importance de l'homme en sa qualité d'être intelligent, si l'on considère de plus l'empire qu'il exerce sur ce globe, les preuves d'une volonté souveraine se manifestent de toutes parts, même à la simple raison, qui ne doit rien trouver de trop grand pour l'homme, en sorte que la révélation venant ensuite nous dire : *Toutes ces choses vous ont été données*, elle trouve les voies préparées, et ne fait plus que confirmer le jugement de la raison.

. . . . Alterius sic
Altera poscit opem res, et conjurat amicè.

J'espère qu'il ne reste plus aucun doute sur l'évidente fausseté de cette allégation de Bacon, *que les causes finales* (ou les intentions) *se rapportent* entièrement *à la nature de l'homme, plutôt qu'à celle de l'univers.* Elle est, comme nous l'avons vu, fausse de deux façons, et parce qu'il est faux que nous rapportions tout à l'homme, et parce qu'en lui rapportant tout, il est faux que nous lui rapportions tout exclusivement. Cependant le même sophisme et les mêmes reproches reparaissent toujours.

L'homme a dit : Les cieux m'environnent ;
Les cieux ne roulent que pour moi :
De ces astres qui me couronnent
La nature me fit le roi.
Pour moi seul le soleil se lève ;
Pour moi seul le soleil achève
Son cercle éclatant dans les airs :
Et je vois, souverain tranquille,
Sous son poids la terre immobile,
Au centre de cet univers (1)

L'erreur de Bacon, développée par les philosophes de notre siècle, se trouve concen-

(1) Malfilâtre, dans le *Journal de Paris* du 1er novembre 1811.

trée et embellie dans les vers qu'on vient de lire. D'abord, qu'est-ce que *l'homme* qui commence cette strophe? Ce n'est sûrement pas tel ou tel homme, ni même le genre humain de ce moment. Il s'agit nécessairement de *tous* les hommes passés, présents et futurs. Or, en supposant que la terre renferme, comme on l'a calculé, mille millions ou un milliard d'hommes environ, en ne lui supposant qu'une antiquité de six mille ans, suivant la narration mosaïque, et en faisant les défalcations nécessaires pour les temps primitifs, il s'ensuit que d'après la règle connue et incontestable, qui assigne trente ans à la génération commune, la terre a déjà porté plus de cent milliards d'hommes (1).

(1) Vassius donnait à la terre 500 millions d'habitants; les journalistes de Trévoux, 720 millions; Riccioli, mille millions. (Geogr. lib. XII, *De verosimili hominum numero.*) Voltaire, de sa pleine puissance, donne au monde 1,600 millions d'habitants : il faut le laisser dire. Je n'ignore pas, au reste, que certains calculateurs veulent que les générations ne se renouvellent que tous les trente-trois ans; mais il ne s'agit pas ici d'exactitude. (V. *le Catéchisme philosophique de Feller*, tom. III, art. VI, n° 468.)

Qu'y aurait-il donc d'étonnant, en faisant même abstraction des hommes futurs (qui renforcent néanmoins l'argument d'une manière incalculable), qu'un système planétaire eût été créé *uniquement* pour une si prodigieuse quantité d'êtres intelligents? Pour des milliards d'êtres, je ne dis pas *grands*, car ce mot serait ici *très-petit*, mais *semblables à Dieu*, et que Dieu même a déclarés tels : car tout esprit est semblable à Dieu.

Mais les causes finales n'ont pas besoin du tout de cette hypothèse exclusive. On veut que ce qui n'est pas fait *uniquement* ne soit, par-là même, *aucunement* fait pour l'homme; réciproquement on croit, ou l'on fait semblant de croire, qu'en soutenant qu'un tel être est fait *pour* l'homme, on soutienne, par-là même, qu'il n'est fait *que* pour lui : c'est un paralogisme évident, et c'est cependant sur ce paralogisme que sont fondées toutes les attaques dirigées contre les causes finales.

Chaque citoyen d'une ville est-il privé du droit de croire et de soutenir que les temples, les bains publics, les théâtres, les hôpitaux, les promenoirs, etc., sont faits *pour lui*, parce qu'il partage ces commodités de la vie avec d'autres hommes? Mais, s'il n'a pas ce droit, un autre ne l'aura pas davantage, de manière qu'en excluant ainsi tous les habitants, un à un, il en résultera en dernière analyse que les édifices publics, etc., ne sont faits pour personne.

La comparaison me semble d'une justesse parfaite. En supposant toutes les planètes habitées, si le *citoyen* de la terre n'a pas droit de croire que le soleil est *fait* pour lui, celui de Mercure, Vénus, etc., ne l'aura pas davantage, de manière que le soleil ne sera point *fait* pour le système planétaire : beau théorème, sans doute, de philosophie rationnelle !

« Nul d'entre nous, a dit le traducteur de
« Bacon, qui était né pour raisonner mieux,
« nul d'entre nous n'a *le cœur assez grand* ni
« *l'esprit assez élevé* pour comprendre une fois
« combien peu de place il occupe dans l'uni-
« vers, et combien peu son imperceptible
« existence y est importante. Il n'est guère
« probable que l'univers ait été organisé
« pour le service de l'homme, puisque tant

« d'autres êtres y trouvent aussi leur part
« souvent meilleure que la sienne (1). »

Comment donc? il faut avoir *le cœur grand et l'esprit élevé* pour se croire nul! Ceci est nouveau; je pensais que l'orgueil était du côté de ceux qui croient que tout est fait pour eux. Mais ce qui suit n'est pas moins beau :
« S'il y a dans l'univers des êtres qui nour-
« rissent l'homme, il y en a aussi qui le man-
« gent, et le requin, en dévorant son roi,
« avale aussi la royauté (2). »

J'aimerais autant lire la fable *du lion et du Marseillais*, par Voltaire; encore la déraison en vers peut être prise pour une simple plaisanterie, et jamais, par exemple, on ne pensera que Boileau s'est trompé philosophiquement en disant :

Ma foi, non plus que nous, l'homme n'est qu'une bête.

(1) M. Lasalle dans les Œuvres de Bacon. (Nov. Org. liv. I, chap. 2, note *f*, p. 191.)
(2) Ibid. p. 191-192.

Mais que dire d'un homme grave, ayant même des prétentions au titre de *philosophe*, et qui vient nous dire de telles choses *en prose?* qui confond l'individu avec l'espèce, et qui nous affirme que le genre humain n'a pas la moindre supériorité sur l'espèce des requins, parce que tel et tel requin a mangé tel et tel homme? On prouverait tout aussi bien et même beaucoup mieux que César ne gagna pas la bataille de Pharsale, parce que plusieurs hommes tombèrent de son côté; que la dynastie des Capets n'a pas régné depuis le onzième siècle sur les Français, parce qu'à telle ou telle époque, des mains sacriléges ont commis tel ou tel attentat contre cette dynastie, etc., etc.

Hélas! si la souveraineté n'était jamais coupable, jamais il n'y aurait de révoltes; mais il n'est pas moins vrai que les révoltes, citées contre elle avec si peu de science ou de probité, sont cependant tout à la fois et la plus triste et la plus incontestable preuve de cette même souveraineté.

L'école de Bacon aura beau nous dire que *Dieu a créé l'univers pour la jouissance des êtres sensibles* (du crapaud sans doute et de l'homme) (1), nous aimerons mieux dire avec Linnée que *la fin de la création terrestre est la gloire de Dieu dérivant de l'œuvre de la nature*, **PAR L'HOMME SEUL** (2); car, quoique dans la rigueur philosophique *tout soit fait pour tout*, il n'est pas moins vrai néanmoins que tout se rapportant en général à l'intelligence, ce globe fut particulièrement destiné à l'homme qui en est véritablement le roi. La belle poésie que je citais tout à l'heure peut donc, au moyen d'un léger changement, se montrer de nouveau sans affliger la vérité.

L'homme a dit : Les cieux m'environnent ;
Dieu fait rouler les cieux pour moi :
De ces astres qui me couronnent
Par lui j'ai pû trouver la loi.

(1) *Précis de la Philos. de Bacon*, tom. II, p. 141. — De quelle compassion doivent être pénétrés, en lisant que *Dieu a créé le monde pour la* jouissance *des êtres sensibles*, ceux qui *savent*, ceux qui se *doutent*, ceux qui *recherchent* seulement pourquoi il a été créé !

(2) *Finis creationis telluris est gloria Dei, ex opere naturæ*, PER HOMINEM SOLUM. (Linn. loc. cit.)

Oui, pour moi le soleil se lève,
Et pour moi le soleil achève
Son cercle apparent dans les airs.
Autour du souverain tranquille,
Emporté sur ce point mobile,
Mon œil embrasse l'univers.

Pour cette fois l'homme a raison et rigoureusement raison. Mais on ne saurait trop le répéter : ceci s'adresse à l'amour beaucoup plus qu'à l'intelligence, et c'est précisément parce que cette considération est non-seulement très-solide, mais sublime et très-honorable pour l'homme, qu'elle est insupportable à la philosophie moderne, qui est tout entière fille de Bacon.

Demandez-lui ce qu'il faut penser de cette foule de choses qui servent à la conservation de l'homme, elle vous répondra : « Vous en « usez, à la vérité, mais leurs causes ont- « elles été établies à cette fin (de la conser- « vation de l'homme)? *On ne peut rien dire* « *à cet égard avec une telle certitude qu'il ne* « *puisse être attaqué par ceux des athées ou*

« *des sceptiques qui sont capables d'un profond*
« *examen.* »

Mais qui parle donc à ces gens-là de la *conservation* et du bonheur de l'homme ? Ils peuvent dire à l'égard de Dieu ce que Jean-Jacques Rousseau disait à l'égard des hommes : *La reconnaissance est un sentiment insupportable pour mon cœur*. Qu'ils s'en débarrassent donc en refusant d'aimer, d'admirer, de reconnaître même Dieu dans le moindre bienfait relatif à l'homme. On ne leur parle que d'ordre et de symétrie en général ; on fait abs.

(1) Observez encore l'affectation de présenter toujours les athées comme une secte nombreuse, renfermant des savants du premier ordre, *capables d'un profond examen ;* entre nous et eux la partie est indécise : c'est ce que cette philosophie nous enseigne au commencement du dix-neuvième siècle. *Nous n'avons du côté du raisonnement aucun avantage sur l'athée*. Cependant, puisque le savant auteur du *Précis* convient que le monde a été créé *pour la jouissance des êtres sensibles* (sup. p. 235), il faut bien, ce me semble, que l'homme y soit aussi pour sa part avec tous ses collègues les animaux, et que l'athée le plus *capable d'un examen profond* ne puisse attaquer cette fin. — J'ai peur qu'il n'y ait une contradiction.

traction de la grandeur et des priviléges de l'homme : on ne le regarde que comme une pièce du tout ; mais dans ce tout, où il n'y a qu'ordre, symétrie, relations, rapports, dépendances, causes, fins et moyens, l'intelligence est évidente. Entre nous la piété peut se faire entendre ; de nous à eux il ne s'agit jamais que de sens commun.

§ IV.

QUATRIÈME OBJECTION.

L'homme n'est point encore assez instruit pour atteindre les causes finales.

Pour se débarrasser de ces fatigantes intentions, il serait plus court sans doute de les nier en général et sans détour ; mais ce serait manquer de respect au sens commun et soulever contre soi l'indignation universelle : on a donc pris un chemin qui, pour être détourné, n'en conduit pas moins précisément au même but. On nie que l'homme soit assez avancé pour connaître les causes finales; on présente la découverte des intentions comme une science profonde, comme une espèce d'énigme dont le mot n'est accordé qu'aux derniers efforts de l'esprit humain.

Il est utile d'observer l'artifice employé par une damnable philosophie pour soulever ces nuages de poussière qui ont pu cacher la vérité, moins par leur simple interposition que parce qu'en picotant les yeux faibles, ils les ont forcés de se fermer.

Nous avons vu plus haut que Bacon ne reconnaissait qu'une seule science, savoir la physique, et qu'il en faisait la base de toutes les autres. Son école s'est emparée de cette idée et l'a exagérée à un point qui passe l'imagination.

Elle a donc soutenu que nulle philosophie, nulle science morale, nulle philosophie rationnelle, nulle métaphysique surtout, ne pouvait subsister d'elle-même et porter le nom de *science*, à moins qu'elle ne fût un corollaire, une dérivation, un dernier résultat de la physique. Alors seulement elle se nomme *science* RÉELLE ; pour faire entendre que par elle-même elle ne saurait être considérée que comme un jeu de l'imagination humaine.

Il est donc impossible de parler de Dieu raisonnablement, et de l'apercevoir dans la nature jusqu'à ce que, par la méthode d'exclusion si heureusement inventée par Bacon, on ait prouvé que la cause du mouvement est étrangère au monde, et doit se trouver hors de lui. En attendant, on peut croire en Dieu, mais sur la foi seulement de la révélation, l'idée d'un être infini, spirituel et créateur étant absolument étrangère à l'homme. Je me hâte de citer, de peur qu'on ne me soupçonne de calomnier.

« La recherche des *formes* ou *natures* (phy-« siques) est l'objet de la métaphysique (1), » c'est-à-dire que *la connaissance des corps est l'objet de la science des esprits*. Nombre de lecteurs pâmeront de rire à ce beau théorème,

(1) *Précis de la Phil. de Bacon*, tom. II, p. 65.

mais bientôt ils verront que la chose n'est que trop sérieuse.

« Bacon considérait la physique ration-
« nelle... comme la science qui doit s'occu-
« per des *causes de la nature*, pour fournir à
« la métaphysique ses résultats généraux(1).
« Avant lui les phénomènes de l'univers, ob-
« servés vaguement et incomplétement, n'a-
« vaient pu manifester *leurs causes;* et,
« comme cependant les hommes ont eu de
« tout temps la notion d'une cause première,
« ceux qu'on a nommés *les philosophes* (2)

(1) Tom. I, p. 85. *Causes de la Nature!* Cette expression énigmatique désigne ces puissances qui forment la plus haute *assise* de la pyramide tronquée, puissances que l'auteur appelle souvent *des origines*, et au-dessus desquelles Bacon défend à l'esprit humain de s'élever.

(2) Ibid. p. 86. Il se gardera bien de les nommer ; c'est une règle générale pour la secte, et jamais elle ne s'en écarte. Tout ce que l'orgueil humain peut se permettre dans sa plus folle ivresse, c'est de dire : « *Tous les philosophes qui ont vécu* « *jusqu'à nous ont déliré sur la plus grande des questions.* » Cependant on peut n'y pas faire attention : mais si les adeptes s'avisaient de plus de nommer *Descartes*, *Newton*, *Leibnitz*, *les Bernouilli*, *Clarke*, *Pascal*, *Malebranche*, *Fénélon*,

« avaient voulu en raisonner avant de con-
« naître l'univers lui-même ; car on ne le
« connaît point lorsqu'on s'arrête aux simples
« aperçus, et c'est même ce qui a donné nais-
« sance à l'athéisme. C'est en entreprenant
« de démontrer trop tôt l'existence de Dieu
« par la nature qu'on a donné de la force
« aux athées.... Comment pouvait-on entre-
« prendre de démontrer ici l'existence de
« Dieu, tandis qu'on n'avait pas la moindre
« connaissance des causes qui agissent dans
« l'univers......... Il fallait bien du temps
« pour que l'accumulation des connaissances
« RÉELLES (1) formât des hommes capables

etc., etc., ils sentent bien ce qu'on leur répondrait : *Mais qui êtes-vous donc, vous autres, comparés à ces grands hommes, et comment osez-vous, etc.?* Ils ont donc pris le parti de ne jamais nommer les philosophes qu'il font semblant de mépriser.

(1) Il faut bien faire attention à ce mot de RÉELLES qui reviendra souvent; il signifie que les sciences naturelles sont les seules *réelles*, et il semble que cette théorie a fait fortune dans la patrie de l'auteur, puisqu'on y écrivait, il y a peu de temps, dans un journal très-généralement et très-justement estimé, *que la philosophie de l'esprit humain doit être placée*

« d'établir des propositions positives inatta-
« quables, en démontrant que l'univers n'a-
« vait pas en lui *les causes* (1) de son exis-
« tence ; car l'on n'y était pas encore parvenu
« du temps de Bacon, et les connaissances,
« à mesure qu'elles augmentaient, se trouvant
« communes aux athées et aux défenseurs
« du théisme, *les premiers ont toujours pu*,

dans l'ordre de l'enseignement après celle des mathématiques et de la physique, si l'on veut que cette science prenne sa place parmi les sciences réelles (Biblioth. britann., 1812, n° 391, 392, p. 482, note.)

(1) L'auteur ne dit pas *la cause*, mais *les causes*, comme on l'a déjà vu un peu plus haut, et il est fort heureux qu'une doctrine aussi condamnable soit en même temps aussi dépourvue de raison. Supposez qu'on *démontre* à un athée que *les causes*, c'est-à-dire les *causes physiques*, sont hors de lui, il vous remerciera. *C'est ce que je veux*, dira-t-il, *je craignais* LA CAUSE; mais quant AUX CAUSES, *je ne demande pas mieux; vos* ORIGINES *sont mon affaire*. L'auteur du *Précis* dira-t-il que des *origines* il faut encore s'élever à leur cause *unique*, *immatérielle* et *intelligente*? Dans ce cas, tout son échafaudage physique est inutile, et il n'en sait pas plus que nous pour convaincre l'athée qui prendra la liberté de rire beaucoup de ce bel argument : « Les causes *physiques* de l'univers sont hors de l'univers; « donc il existe *une cause* unique et immatérielle de l'uni- « vers. »

« *en analysant les arguments des derniers*,
« *prouver qu'ils étaient sans fondement* (1). »

« Bacon définissait comme seule métaphy-
« sique raisonnable *celle qui ne s'occupe de*
« *rien hors de la nature*, mais qui recherche
« dans la nature ce qu'il y a de plus profond
« et de plus général, qui ne fait point d'abs-
« traction *logique*, mais *physique;* qui tire
« de l'histoire naturelle et expérimentale,
« puis de la physique qui en tire des induc-
« tions, des résultats déjà généralisés phy-
« siquement, et qui s'élève ensuite en les
« réunissant A LA FABRIQUE DE L'UNI-
« VERS (2). » Pas davantage! jusque-là il n'y a point de Dieu pour la raison. Mais il faut continuer.

(1) Tome I, p. 198. On a envie de pleurer, lorsqu'on voit que l'esprit de système et un amour désordonné pour une science favorite ont pu amener un homme infiniment estimable à soutenir, sans détour, *que les athées* (balayure imperceptible de l'univers) *ont pu jusqu'à nos jours détruire tous les arguments des théistes*, c'est-à-dire *du genre humain*

(2) Ibid. tome II, p. 110.

« Bacon renvoyait donc à la métaphysi-
« que... la recherche des causes finales ou
« des *fins* attribuées à une intelligence su-
« prême... dont nous avons la certitude par
« une révélation, de peur.... qu'en mêlant
« trop à la philosophie la théologie, c'est-à-
« dire la question de l'existence d'une cause
« première intelligente,.... *on ne s'imaginât*
« *pouvoir se passer d'un être créateur de tous*
« *les êtres* (1). »

En effet « il n'est pas possible de raisonner
« sur les causes finales avec le moindre degré

(1) Ibid., p. 277. Pour le coup la transition paraîtra tout à fait *abrupte*. Au reste, tout ce verbiage mille fois ressassé, et que j'ai resserré autant qu'il m'a été possible, peut être rigoureusement ramené à un simple conseil dont l'importance et la solidité motivée sont également frappantes.

Ne vous hâtez point trop dans vos études philosophiques de vous élever jusqu'à Dieu, de peur qu'en le regardant trop tôt comme la cause immédiate des phénomènes qui peuvent s'expliquer matériellement, vous n'en veniez à croire qu'on peut se passer de lui : ce qui est clair.

Afin que Bacon soit apprécié comme il doit l'être, il est également important de faire connaître ce qu'il a dit et ce qu'il a fait dire.

« de certitude, avant qu'on ait bien compris « en quoi consistent les causes *matérielles* et « *efficientes* (1); connaissance dont les résul- « tats généraux doivent former la métaphy- « sique. »

« On ne peut donc s'élever à une philoso- « phie RÉELLE que par la physique, ni à « celle-ci que par la mécanique ;.... et l'on « ne doit s'occuper des causes finales que « lorsqu'on est arrivé à une métaphysique « RÉELLE, comme renfermant des résultats « généraux.... suffisants *pour une entreprise* « *aussi profonde* (2). Car il ne suffit pas que « les causes finales existent dans l'univers « pour que les hommes puissent les y voir, « il faut qu'ils se mettent en état de les dé-

(1) C'est-à-dire *des causes matérielles* et *non matérielles*, ou *efficientes* et *non efficientes*; car les mots de *matière* et de *cause* proprement dite s'excluent rigoureusement. Observez ici, en passant, la parfaite synonymie de ces quatre expressions : *théologie*, *existence de Dieu*, *théisme* et *causes finales*.

(2) Tome II, p. 245.

« couvrir ; aussi Bacon ne pensait-il pas que, « SI DIEU EXISTAIT (1), il eût pu laisser « aux hommes le soin de les trouver (ces « causes) par une telle route. »

Le premier qui a développé cette théorie dans toute son étendue, c'est le Sage de Genève, qui fut le concitoyen et l'oracle de l'auteur du *Précis*.

« La plupart des ouvrages, dit-il, qu'on a « écrits jusqu'à présent sur les causes finales, « renferment des principes si hasardés et si « vagues, des observations si puériles et si « décousues, des réflexions enfin si triviales « et si déclamatoires (2), *qu'on ne doit pas être*

(1) Tome II, p. 103. HEAR ! HEAR ! comme on dit au parlement d'Angleterre.

(2) On entend ici les prédicateurs : *Ah ! mes frères, comment serions-nous insensibles à tant de bonté, etc.* ? C'est cette déclamation triviale qui leur fait pitié. En général, ils ne peuvent souffrir aucune relation d'amour et de reconnaissance entre Dieu et l'homme. J'en ai vu qui étouffaient dans l'église. Kant avouait que la prière publique le tourmentait. Je n'en ai jamais connu un seul qui n'ait souri ou grimacé au moindre signe de cette religion du cœur qui ne craint jamais de se tromper sur les fins, puisque l'erreur dans ce

« *surpris de ce qu'ils ont dégoûté tant de per-*
« *sonnes de ces sortes de lectures* (1). »

Nous voyons reparaître ici la supposition si chère à cette philosophie *que l'incrédulité*, *et*

genre ne pouvant être qu'en plus ou en moins, elle est nulle comme le plus ou le moins sont nuls dans la considération générale. Pour établir qu'un homme sait écrire, il est égal de produire cent pages ou dix.

(1) Le Sage dans son *Essai de chimie mécanique*, in-8°, p. 497. On doit se rappeler ici l'observation faite à la p. 152 dans la note. Le Sage parlera bien en général de *principes hasardés et vagues*, *d'observations puériles et décousues;* mais jamais il ne nommera *les observateurs* ni leurs livres, parce qu'il les récuse tous, de Pythagore à Paley, ce qui serait cependant par trop fort. Il vaut donc mieux s'en tenir aux généralités, et c'est à quoi ces philosophes ne manquent jamais. Quant *aux observations puériles*, elles se réduisent à quelques fins hasardées, comme s'il y avait quelque inconvénient à tâtonner dans ce genre, et comme si vingt intentions prouvées n'étaient pas aussi convaincantes que cent mille!

Il faut observer de plus que ces mots: *Ceux qui ont écrit jusqu'à présent sur les causes finales*, signifient *ceux qui ont écrit sur l'existence de Dieu.* Il ne peut rester aucun doute sur ce point. Ainsi Le Sage veut dire que jusqu'à lui la plupart des philosophes et des théologiens ont déraisonné sur l'existence de Dieu; et en ajoutant modestement : *Mais il*

pour parler clair, l'athéisme, est le fruit des ouvrages faibles écrits par les théistes; mais il n'y a rien de si faux. Les ouvrages dont on nous parle avec tant de mépris ne dégoûtent que ceux qui n'en aiment pas le sujet. *Pour la plupart des hommes, c'est le sentiment qui en décide. Dieu existe pour les gens de bien qui souhaitent son existence, et n'existe point pour les méchants qui la craignent. Ce sont nos vices ou nos vertus qui le tuent ou le ressuscitent dans notre opinion* (1), comme la lumière est *tuée* pour notre œil par la cataracte, et ressuscitée par l'heureuse opération qui écarte l'obstacle; mais celui qui dit: *Je vois* et celui qui dit: *Je ne vois pas*, prouvent également l'existence de la lumière.

est impossible de donner une théorie des fins exempte de ces grands défauts (Ibid., p. 497-98), il entend 1° que jusqu'à lui on n'a guère prouvé Dieu que par les fins; 2° qu'on n'a dit sur ce grand sujet que des puérilités; 3° QU'ENFIN LE SAGE VINT. — L'orgueil effréné est un des caractères les plus distinctifs de cette philosophie.

(1) Ces paroles appartiennent au traducteur français de Bacon, et sont très-remarquables dans sa bouche. L'auteur du *Précis* les cite à la page 177 de son IIe volume.

Pour corriger les maux faits par les écrits des théistes, le Sage avait imaginé une théorie *qui embrasserait les ouvrages de l'art et de la nature, et qui, après avoir fourni des règles de synthèse pour la composition d'un ouvrage, sur des vues données et avec des moyens donnés, proposerait des règles d'analyse pour découvrir les vues d'un agent par l'inspection de ses ouvrages* (1).

Ainsi on verra d'abord par voie de synthèse *comment Dieu et un charpentier s'y prendraient pour faire un monde et un plancher, sur telles vues et avec tels moyens donnés* (par le Sage); et l'on essaierait ensuite, par voie d'analyse, *quelles vues le système planétaire et le plancher d'une maison supposent de la part de Dieu et du charpentier*.

Et si la synthèse ni l'analyse ne savent pas découvrir ces vues, il demeurera démontré que le monde et le plancher ont éte produits

(1) Le Sage, ubi sup. 497, 498.

par une cause *sourde*, que tout homme sage doit prendre *comme elle est.*

En effet, tant qu'on ne sait pas dans quelles vues fut construit un certain ouvrage, cet ouvrage ne prouve point du tout l'existence d'un ouvrier, et c'est à lui de dire son secret s'il a envie de se prouver aux spectateurs ; ce qui est évident.

Plein de ces idées lumineuses, qu'il adopte dans toute leur étendue, l'auteur du *Précis de la Philosophie de Bacon* décide *qu'à l'égard d'une intelligence suprême cette synthèse doit embrasser toute la nature* (1); de manière que, jusqu'à ce qu'on ait une connaissance parfaite de *toute la nature*, l'esprit humain ne peut se convaincre qu'elle a un auteur. Les fins ÉGRENÉES (2) ne prouvent rien, et l'homme qui

(1) *Précis de la Philosophie de Bacon*, tom. I, p. 238.

(2) « Lorsqu'on a rassemblé beaucoup d'effets dont on « croit apercevoir les fins, il y a entre leurs causes physi- « ques une très-grande variété, ce qui les rend comme « ÉGRENÉES. L'idée de *fortuité*.... peut bien diminuer par « la multitude des cas; mais le nombre des cas où l'on n'a-

ne les connaît pas *toutes* n'a pas droit d'en reconnaître *une*.

Il est donc bien le maître de jouir de tous les biens de la terre qui sont sous sa main ; « mais il ne peut être sûr que rien de ce qui « lui sert ait été fait pour lui, jusqu'à ce que, « par l'*induction légitime* et en particulier *par* « *la route rigoureuse de l'exclusion*, il soit re- « monté 1° à la différente configuration des « différentes classes d'atomes, 2° à quelque « cause générale des mouvements obser- « vés (1). »

Voilà certes un très-grand travail ! Mais si quelque heureux mortel parvenait enfin *à découvrir la configuration des atomes de toutes les classes et quelque cause générale*, pourrions-nous alors voir Dieu dans l'univers en

« perçoit point de *fin* directe demeure toujours très-grand, « et l'on n'a point encore de *criterium* réel, tant qu'on ne « s'élève pas sûrement *à quelque chose de plus général.* » (Précis, tom. I, p. 234, 235.)

(1) *Précis.* (Ibid.)

sûreté de conscience? Oh! point de tout; il resterait une difficulté terrible. « Arrivé à ce « point éminent dans les causes physiques, « il faudrait encore (et on ne le peut) dé- « montrer, en redescendant jusqu'à l'expli- « cation de TOUS les phénomènes dont les « usages sont évidents, qu'il eût été impos- « sible (à Dieu) de produire ces effets par « des moyens qui leur fussent mieux adaptés. « Alors tous les rapports des *usages* aux *cau-* « *ses* particulières existantes se réunissent en « une fin générale et désignent AINSI une « intelligence supérieure (1). »

De la doctrine que je viens d'exposer découlent les plus beaux théorèmes. Nous apprenons, en premier lieu, qu'un nombre d'ouvrages quelconques dont on connaît la *fin* ne prouve point l'existence d'un ouvrier, tant qu'on s'obstine à lui attribuer un autre grand nombre d'ouvrages dont les *fins* demeurent inconnues. Le bœuf, par exemple, est utile à

(1) En vérité, cela est écrit à la page 239 du premier vol.

l'homme, mais le serpent à sonnettes lui est pour le moins inutile; d'un côté donc nous avons un signe d'*intention*, et de l'autre un signe de *fortuité* : l'un détruit l'autre, et l'existence de Dieu demeure parmi les *desiderata* de Bacon.

En second lieu, que, dans le cas même où toutes les intentions seraient claires, il n'en résulterait rien pour la cause de la Divinité, attendu qu'elles seraient ÉGRENÉES, et que les *fins* même *prouvées* ne prouvent pas, jusqu'à ce qu'elles soient réunies en *grappes;* ce qui ne peut avoir lieu qu'en plaçant entre elles et la suprême intelligence une *cause générale et physique*. En effet, le meilleur moyen de démontrer que TOUS les phénomènes sont l'ouvrage d'une cause intelligente, c'est sans doute de démontrer qu'ils dérivent TOUS d'une cause matérielle, générale et surtout INCRÉÉE (1). Rien de plus clair.

(1) *Car l'on ne saurait se former l'idée d'aucun commencement.* « Et comme en descendant de ce point ÉMINENT, « c'est-à-dire, *d'une physique générale* à l'explication de

J'ai fait voir maintenant avec la plus grande évidence par quelle assemblage de sophismes on est parvenu à embrouiller ce sujet si simple et si lumineux des *intentions*. On suppose que nous les rapportons à l'homme ; rien n'est plus faux, et nous n'avons pas besoin du tout de cette supposition. Nous *usons* des raisonnements de l'amour, mais nous n'en *abusons* point : les employer contre l'athée, c'est les profaner.

On cherche une explication ou douteuse ou ridicule, et là-dessus on triomphe comme si l'on avait jeté le doute sur toute la théorie des *fins*. Nous avons vu combien ce moyen est futile (1). On me nie que la paupière soit faite

« TOUS les phénomènes, on désigne AINSI *une intelligence* « *suprême* » (Précis, ubi sup. tome I, pag. 239), il s'ensuit qu'AUTREMENT elle n'est pas *désignée* ; ce qui est tout à fait raisonnable et non moins consolant.

(1) Il n'en est pas cependant de plus cher à la philosophie matérielle, parce qu'il prête à la bouffonnerie. Lorsqu'on dit en ricanant *que le nez est fait pour les lunettes et la jambe pour le bas de soie*, on ne manque pas de produire un grand effet sur les beaux-esprits.

pour garder l'œil ; que m'importe? Il s'agit de savoir *si l'œil est fait pour voir, s'il y a un rapport d'intention entre cet organe et la lumière, etc.*

Mais le chef-d'œuvre de la philosophie moderne, c'est le sophisme à la fois subtil et grossier qu'elle a employé pour tromper l'esprit des hommes sur ce mot *fin*. Elle a posé en fait et constamment supposé, sans aucune discussion, qu'une *fin* générale n'est jamais prouvée tant qu'on n'a pas prouvé la *fin* particulière, ou, en d'autres mots, qu'UNE fin n'est pas prouvée tant que CETTE fin ne l'est pas. On demande *quel est le but de la création?* Le Sage répond : *J'ai fait voir que Dieu n'a pas créé les choses pour lui-même, ni pour manifester ses perfections* (1), *mais pour le bonheur des créatures* (2).

(1) Ubi suprà, p. 536.

(2) Son père (de Le Sage) adoptait l'opinion fort répandue que le but de la création était la gloire du Créateur : le fils y substituait *le bonheur des créatures*. (Notice de la vie et

L'auteur du *Précis*, trouvant ce mot *bonheur* encore trop subtil pour son oreille formée par le *Pontife des sens* (1), décide que le monde a été créé *pour la* JOUISSANCE *des êtres sensibles* (2).

Malebranche, prenant la parole au nom de mille autres, déclare *que Dieu n'a d'autres fins de ses opérations que lui-même; que le contraire n'est pas possible; que c'est une notion commune à tout homme capable de quelque réflexion, et dont l'Ecriture sainte ne permet pas de douter*.

Qu'importe la question pure et simple des FINS? L'intelligence ne se prouve à l'intelligence que par la parole et par l'ordre, qui est aussi une parole, puisque la parole n'est que la pensée manifestée, et qu'il ne saurait y avoir d'*ordre* sans une pensée *ordonnatrice*.

des écrits de Georges-Louis Le Sage, par Pierre Prévost. Genève, 1805, in-8°, p. 36.)

(1) Sup., p. 1.

(2) Sup., p. 233.

Toute symétrie est une *fin* par elle-même et indépendamment de la *fin* ultérieure. Un paysan qui voit un quart de cercle ne sait certainement pas ce qu'il voit ; cependant l'existence de l'artiste lui est aussi parfaitement prouvée qu'à l'astronome qui emploie cet instrument. Du petit au grand l'argument est le même. On ne demande point si le chien, si le cheval, si le bœuf, ont été créés pour l'homme ; mais si l'organisation des animaux annonce une intention. On ne demande point pourquoi le monde a été créé, mais si le monde, tel qu'il est, ressemble à une chance de particules agitées et réunies d'elles-mêmes dans l'espace pour former, *sans intelligence*, tout ce que nous voyons, *et même des êtres intelligents*. C'est en vain qu'une philosophie folle d'orgueil tâche de nous soustraire à ces rayons qui l'éblouissent elle-même, pour nous traîner avec elle dans les ténèbres ; nous ne l'y suivrons point. Nous dirons à l'athée ou au sceptique : « L'examen des FINS *particulières* fait perdre du temps, et nous n'aimons pas à disputer ; mais nous déclarons nous en tenir contre vous à l'inébranlable démonstration qui résulte de la FIN *abstraite* et de l'harmonie des moyens. Nous prétendons que le métier à bas, de lui-même et sans autre examen, prouve UNE *fin*, et que cette *fin* prouve l'existence d'un ouvrier intelligent, parce que toute symétrie est une *fin*, avant toute considération accordée à la *fin de la symétrie*. Vous prétendez, vous, que jusqu'à ce qu'on vous ait présenté LA fin particulière, qui est le bas, l'ouvrier n'est pas prouvé; vous parlez contre votre conscience, et c'est à elle que nous en appelons.

Et si, pour échapper à des preuves qui vous choquent en forçant votre assentiment intérieur, vous en venez à soutenir que des FINS, même évidentes, ne prouvent rien tant qu'il n'est pas prouvé *que Dieu ne pouvait mieux faire*, nous cesserons de raisonner avec vous, mais sans cesser de vous aimer. *Jubemus vos* SALVERE *plurimùm*.

Pour attacher au pilori la dernière feuille de la *Philosophie de Bacon*, il me reste un chapitre important à traiter, celui qui a pour objet l'accord de la religion et de la science.

CHAPITRE VII.

UNION DE LA RELIGION ET DE LA SCIENCE.

Rien ne déplaisait tant à Bacon que l'union de la théologie et de la philosophie. Il appelle cette union *un mauvais mariage*, plus nuisible qu'une guerre ouverte entre les deux puissances (1). La théologie s'oppose, si l'on veut l'en

(1) *Reverà autem, si quis diligentiùs animum advertat, non minùs periculi naturali philosophiæ ex istiusmodi fallaci fœdere quàm ex apertis inimicitiis imminere.* (Cogit. et Visa. Opp. tom. IX. p. 167, 168.)

croire, à toute nouvelle découverte dans les sciences ; la chimie a été *souillée* par les affinités théologiques (1). Il se plaint de « *l'hiver* « *moral* et des cœurs glacés de son siècle, en « qui la religion avait dévoré le génie (2). » Enfin il ne se contente pas d'insulter Platon et Pythagore, comme nous l'avons vu, il en vient à se plaindre à peu près ouvertement du tort que le Christianisme avait fait aux sciences. Il observe que, depuis l'époque chrétienne, l'immense majorité des esprits s'était tournée vers la théologie, et que tous les secours, comme toutes les récompenses, étaient pour elle. Il se plaint même que, dans l'antiquité, les études des philosophes s'étaient

(1) *Ex religiosis affinitatibus et* ALIO FUCO *commendata.* (Ibid. p. 307.) Il était si furieux contre Paracelse, qui avait mêlé (pas plus que bien d'autres cependant) la religion à la chimie, qu'il s'oublie jusqu'à l'appeler avec une rare élégance *enfant adoptif des ânes.* (ASINORUM ADOPTIVE.) (Ibid.)

(2) *In nostris frigidis præcordiis atque tempore quo res religionis ingenia consumpserint.* (Impet. Philos. Ibid. p. 280.)

tournées en grande partie vers la morale, qui était comme une théologie païenne (1). On croit entendre un encyclopédiste, et personne ne peut méconnaître dans les différentes citations qu'on vient de lire, et dans une foule d'autres que présente cet ouvrage, cette haine concentrée, cette rancune incurable contre la religion et ses ministres, qui a distingué particulièrement la plupart des savants et des beaux-esprits de notre siècle.

Il est cependant peu de maximes à la fois plus fausses et plus dangereuses que celle qui tend à séparer la religion de la science. « L'es-« prit, a dit Malebranche, devient plus pur, « plus lumineux, plus fort et plus étendu à « proportion que s'augmente l'union qu'il a « avec Dieu, parce que c'est elle qui fait toute « sa perfection (2). »

Je ne suis point étonné que cette maxime

(1) Cogitata et Visa. Opp. tom. IX, p. 167, 168.

(2) Recherche de la Vérité, Paris, 1721, in-4°. Préface p. VI.

et tant d'autres du même genre aient fait tort à Malebranche dans le dernier siècle, et que sa patrie même, saisie d'un accès de délire dont l'histoire de l'esprit humain ne présente pas d'autre exemple, l'ait mis au dessous de Locke. Malebranche n'a pas moins parfaitement raison, et il n'y a pas même de l'exagération dans ce qu'il ajoute (*Ibid.*) : « Que « les hommes peuvent regarder l'astronomie, « la chimie et presque toutes les sciences « comme les divertissements d'un honnête « homme, mais qu'ils ne doivent pas se lais« ser surprendre à leur éclat, ni les préfé« rer à la science de l'homme. » Bacon est tout à fait inexcusable d'avoir contredit cette grande vérité, après l'avoir très-heureusement exprimée en prononçant ce mot si connu, *que la religion est l'aromate qui empêche la science de se corrompre*. Il a donc parlé non-seulement contre la vérité, mais encore contre sa conscience, en accordant aux sciences naturelles une suprématie qui ne leur appartient nullement. La prodigieuse dégradation des caractères dans le dix-huitième siècle (publiée même physiquement, surtout en France, par celle des physionomies) n'a pas d'autre cause que l'extinction des sciences morales sous le règne exclusif de la physique et de la desséchante algèbre.

La science a son prix sans doute, mais elle doit être limitée de plus d'une manière ; car d'abord il est bon qu'elle soit restreinte dans un certain cercle dont le diamètre ne saurait être tracé avec précision, mais qu'en général il est dangereux d'étendre sans mesure. Quelqu'un a fort bien dit, en France, que la science ressemble au feu : concentré dans les différents foyers destinés à le recevoir, il est le plus utile et le plus puissant agent de l'homme ; éparpillé au hasard, c'est un fléau épouvantable (1).

L'antiquité nous donne encore sur ce point une leçon frappante ; car ce n'est pas sans une grande raison que, dans les temps primitifs, nous voyons la science renfermée dans les

(1) J'emprunte cette comparaison, qui est très-juste et très-belle, sans savoir à qui la restituer. Si elle est rencontrée par le propriétaire, il est prié de la reprendre. C'est un journaliste français, si je ne me trompe.

temples et couverte des voiles de l'allégorie. C'est qu'en effet le *feu* ne doit point être remis aux enfants. Que si les enfants ont grandi, ou que les hommes faits aient oublié certains usages du feu, ou que la science elle-même soit devenue moins *brûlante*, la règle originelle sera modifiée sans doute ; cependant toujours elle se montrera dans l'alliance naturelle et fondamentale de la religion et de la science et dans les mots mêmes qui accompagneront constamment leur séparation. *O lois catholiques*, profondément ignorées par l'aveugle écrivain dont j'expose les erreurs ! mais qui sait si de nos jours encore on voudra les reconnaître ?

Les sciences doivent, en outre, être considérées dans leur rapport avec les différents ordres de la société. L'homme d'état, par exemple, ne se plongera jamais dans les recherches purement physiques qui excluent son caractère et son talent (1). Elles paraissent convenir

(1) Bacon s'est rendu extrêmement ridicule pour avoir ignoré cette vérité. Je doute qu'il y ait, au monde, un specta-

tout aussi peu aux prêtres, qui auront toujours, au contraire, un talent particulier et même une certaine vocation pour l'astronomie. Il n'est pas étonnant que, dans l'antiquité, cette science se présente comme une propriété du sacerdoce, que, dans les siècles moyens, l'astronomie soit demeurée de nouveau cachée dans les temples, et qu'enfin, au jour du réveil des sciences, le véritable système du monde ait été trouvé par un *prêtre*. Si les devoirs sévères et les occupations immenses du sacerdoce légitime lui permettaient de se livrer à la chimie et, mieux encore, à la médecine, il obtiendrait certainement des succès prodigieux. Sur la haute question du lien caché qui unit les sciences divines et humaines, la sagesse consiste à prendre exactement le contre-pied de tout ce qu'a dit Bacon, c'est-à-dire à tâcher d'unir *par tous les moyens possibles* ce qu'il a

cle plus risible que celui du chancelier d'Angleterre disputant à son cuisinier les marmites et les coquemars pour faire des expériences sur la forme de la chaleur, et pesant l'air dans l'air avec une balance d'épicier.

tâché de diviser *par tous les moyens possibles*, la science et la religion.

Il faut de plus que les sciences naturelles soient tenues à leur place, qui est la seconde, la préséance appartenant de droit à la théologie, à la morale et à la politique. Toute nation où cet ordre n'est pas observé est dans un état de dégradation. D'où vient la prééminence marquée du dix-septième siècle, surtout en France? De l'heureux accord des trois éléments de la supériorité moderne, la religion, la science et la chevalerie, et de la suprématie accordée au premier. On a souvent comparé ce siècle au suivant, et, comme il n'y avait pas trop moyen de contester la supériorité du premier dans la littérature, on s'en consolait par la supériorité *incontestable* du second dans la philosophie, tandis que c'est précisément le contraire qu'il fallait dire; car notre siècle fut surpassé par la philosophie bien plus que par la littérature du précédent. Qu'est-ce donc que la philosophie? Si je ne me trompe, *c'est la science qui nous apprend la raison des choses*, et qui est plus profonde à mesure que nous connaissons *plus de choses*.

La philosophie du dix-huitième siècle est donc parfaitement nulle (du moins pour le bien) puisqu'elle est purement négative, et qu'au lieu de nous apprendre quelque chose, elle n'est dirigée, de son propre aveu, qu'à détromper l'homme, à ce qu'elle dit, de tout ce qu'il croyait savoir, en ne lui laissant que la physique. Descartes, qui ouvre le dix-septième siècle, et Malebranche, qui le ferme, n'ont point eu d'égaux parmi leurs successeurs. Y a-t-il dans le siècle suivant une meilleure anatomie, un plus terrible examen du cœur humain que le livre de La Rochefoucauld? un cours de morale plus complet, plus approfondi, plus satisfaisant que celui de Nicole? Y a-t-il dans notre siècle beaucoup de livres à comparer à celui d'Abbadie, *de la Connaissance de soi-même et des sources de la morale?* Pascal, comme philosophe, a-t-il été égalé dans le siècle suivant? Quels hommes que Bossuet et Fénélon dans la partie philosophique de leurs écrits! La théologie ayant d'ailleurs plusieurs points de contact avec la métaphysique, il faut bien se garder de passer les théologiens sous silence, quand il s'agit de la supériorité philosophique. Lisez, par exemple, ce que Pétau a écrit sur la liberté de l'homme en elle-même et dans son rapport avec la prévision et l'action divine; suivez-le dans la savante histoire de tout ce que l'esprit humain a pensé sur ces profondes questions, et lisez ensuite ce que Locke a balbutié sur le même sujet : vous pâmerez de rire, et vous saurez au moins ce que vaut une grande réputation moderne en voyant ce qu'elle a coûté.

Il est encore très-important de remarquer qu'indépendamment de la supériorité du dix-septième siècle dans les ouvrages philosophiques proprement dits, sa littérature entière, prise dans le sens le plus général du mot, respire je ne sais quelle philosophie sage, je ne sais quelle raison calme, qui circule, pour ainsi dire, dans toutes les veines de ce grand corps, et qui, s'adressant constamment au bon sens universel, ne surprend, ne choque et ne trouble personne. Ce tact exquis, cette mesure parfaite fut nommée *timidité* par le siècle suivant, qui n'estima que la contradiction, l'audace et l'exagération.

Une autre considération générale qui n'est

qu'une suite de la précédente, et qui assure une supériorité décidée à la philosophie du dix-septième siècle sur la suivante, c'est que la première est dirigée tout entière au perfectionnement de l'homme, au lieu que la seconde est une puissance délétère qui ne tend, en détruisant les dogmes communs, qu'à isoler l'homme, à le rendre orgueilleux, égoïste, pernicieux à lui-même et aux autres; car l'homme, qui ne vaut que parce qu'il croit, ne vaut rien s'il ne croit rien.

Et cette considération de l'utilité déciderait seule la question de vérité; car jamais l'erreur ne peut manquer de nuire, ni la vérité d'être utile. Si l'on a cru quelquefois le contraire, c'est qu'on n'y avait pas regardé d'assez près.

Mais ce qui doit être observé par-dessus tout, c'est que l'infériorité du dix-huitième siècle est due uniquement à l'esprit d'irréligion qui l'a distingué. Les talents ne lui ont pas manqué, mais seulement ce principe qui les exalte et les dirige.

Dans les livres de certains mystiques de l'Asie appelés *suphis*, il est écrit « que Dieu,

« au commencement des choses, ayant ras-« semblé tous les esprits, leur demanda s'ils « ne se *reconnaissaient pas obligés d'exécuter* « *toutes ses volontés*; » et que tous répondirent : OUI. C'est une grande et évidente vérité présentée sous une forme dramatique qui l'anime. Qu'y a-t-il de plus certain que la noble destination de tous les êtres spirituels de concourir librement, dans leurs sphères respectives, à l'accomplissement des décrets éternels? La sanction de cette loi n'est pas moins évidente. Toute action de l'intelligence créée, contraire aux vues de l'intelligence créatrice, amène nécessairement une dégradation de cette même lumière qui lui avait été donnée pour concourir à l'ordre; et si cette action désordonnée est de plus volontaire et délibérée, c'est une véritable révolte dont l'effet doit être particulièrement funeste. Or, comme jamais la sublime destination de l'esprit ne fut contredite d'une manière plus générale et plus directe que dans le dix-huitième siècle, il ne faut pas être surpris que tous les talents y soient demeurés, pour ainsi dire, au-dessous d'eux-mêmes.

Donnez à Buffon la foi de Linnée; imaginez

Jean-Jacques Rousseau tonnant dans une chaire chrétienne sous le surplis de Bourdaloue, Montesquieu écrivant avec la plume qui traça *Télémaque* et la *Politique sacrée*, Madame du Deffant allant tous les jours à la messe, n'aimant que Dieu et sa fille, s'échauffant sur la Providence, sur la grâce, sur saint Augustin, et peignant une société qui lui ressemble, etc., etc.; qui sait si, dans des genres si différents, le grand siècle ne se trouverait pas avantageusement balancé?

Un fleuve de fange qui roulait des diamants a sillonné l'Europe pendant tout le dernier siècle. L'urne qui l'épanchait à *Ferney* ressemblait à ces vaisseaux du Levant qui recèlent la peste dans les précieuses cargaisons qu'ils nous apportent. Purifiez ces eaux, faites-les partir de cette haute source qui domine toutes les impuretés humaines, ce fleuve eût enchanté, fertilisé, enrichi l'Europe sans la corrompre. Si le dix-septième siècle présente plus de talents supérieurs peut-être que dans le nôtre, les talents en général se montrent en plus grand nombre; et qui sait encore jusqu'à quel point ceux-ci se seraient élevés, si le génie coupable et avili n'eût pas volontairement jeté ses ailes? Non-seulement l'esprit du siècle a plus ou moins flétri les talents, mais de plus ce qu'il en a laissé subsister n'a produit qu'un vain éclat, un vain amusement pour l'esprit presque toujours accompagné de conséquences funestes. On en voit un exemple frappant dans l'*Esprit des Lois*. Personne ne peut nier que ce livre n'appartienne à un talent supérieur; cependant l'anathème général l'a frappé; il n'a fait que du mal, et il en a fait immensément. Le *Contrat social* s'adressait à la foule, et les laquais même pouvaient l'entendre; c'était un grand mal sans doute; mais enfin leurs maîtres nous restaient: le livre de Montesquieu les perdit.

Que n'a-t-on pas dit dans le dernier siècle contre l'éducation religieuse? que n'a-t-on pas fait pour rendre la science et la morale même purement humaines? Les Français surtout frappèrent le grand coup en 1764. L'effet est connu, il fut clair, immédiat, incontestable, et cette époque sera à jamais remarquée dans l'histoire. Là commence la génération détestable qui a *voulu*, *fait* ou *permis* tout ce que nous avons vu.

Bacon est le père de toutes ces maximes funestes ; on n'a rien fait qu'il n'ait conseillé ; il n'a rien conseillé dans ce genre qu'on n'ait exécuté ; il n'a été véritablement connu, il n'a été célébré et traduit que par les hommes de notre siècle : les encyclopédistes commencèrent sa réputation, c'est-à-dire qu'elle commença avec la plus grande et la plus redoutable conjuration qui jamais ait été formée contre la religion et les trônes. Si les conjurés le choisirent pour leur oracle et le mirent à la mode, ils savaient bien sans doute ce qu'ils faisaient. Les affinités morales sont une loi de la nature comme celles de l'ordre physique. Si tous convinrent de se réunir autour de Bacon, c'est que tous rencontrèrent chez lui ce qu'ils voulaient.

Bacon a donc donné le plus mauvais conseil aux hommes, et, quoique l'expérience l'ait suffisamment prouvé, il est bon néanmoins de faire observer qu'il n'est pas condamné moins hautement par la théorie et par cette marche générale de l'esprit humain dont les phases successives pourraient être appelées *lois du monde!*

Toutes les nations commencent par la théologie et sont fondées par la théologie. Plus l'institution est religieuse, plus elle est forte. On peut citer l'Egypte, l'Etrurie, Rome, Lacédémone, etc. : cette règle n'a point d'exception. Partout les prêtres sont les fondateurs, les gardiens et les dispensateurs de la science, dont le foyer est dans les temples.

Ce qu'on a dit sur ce point touchant l'ambition, l'avarice, la fourberie des prêtres, fait pitié. Qu'une certaine classe d'hommes en possession exclusive de la science se glorifie de ce trésor, et craigne de le communiquer, qu'il y ait même de l'excès à cet égard, et que l'intérêt personnel appuie quelques calculs sur l'ordre établi des choses, cela se conçoit ; mais que ces hommes puissent s'emparer de la science par un raisonnement antérieur, c'est une puérilité qui ne vaut pas la peine d'être réfutée.

Plus la théologie est parfaite dans un pays, plus il est fécond en véritable science. Voilà pourquoi les nations chrétiennes ont surpassé toutes les autres dans les sciences, et pourquoi les Indiens et les Chinois, avec leur science *tant* et *trop* vantée, ne nous atteindront jamais tant que nous demeurerons respectivement ce que nous sommes (1). Copernic, Képler, Descartes, Newton, les Bernouilli, etc., sont des productions de l'Evangile.

Plus la théologie sera cultivée, honorée, dominante, et plus, toutes choses égales d'ailleurs, la science humaine sera parfaite, c'est-à-dire plus elle aura de force et d'étendue, et plus elle sera dégagée de tout alliage dangereux ou funeste.

Le développement de ces vérités produirait un trop gros livre; mais pourquoi donc serait-il nécessaire de le prouver en détail? elles tiennent aux principes les plus évidents; la métaphysique les démontre; l'histoire les proclame.

(1) Cette restriction est essentielle, car cet état respectif pourrait fort bien changer; et si l'Asie venait à recouvrer quelques-unes de ses anciennes prérogatives, elle nous passerait en un clin d'œil; ce qui serait une nouvelle preuve de tout ce qui est dit dans ce chapitre.

« Bacon, dit-il (en parlant de lui-même, « en troisième personne, comme César), Ba- « con a vu combien la philosophie naturelle « avait eu à souffrir de la superstition et du « zèle religieux, immodéré et aveugle (1). » Puis il nous parle de ces philosophes grecs qui furent déclarés coupables d'*impiété pour avoir voulu expliquer physiquement le tonnerre*, et *de ces cosmographes qui ne furent guère mieux traités par les Pères de l'Eglise pour avoir* LES PREMIERS *découvert et décrit la rondeur de la terre* (2).

(1) *Filum labyrinthi, sive formula inquisitionis ad filios.* (§ 7. Opp. tom. II, p. 171. Partie anglaise.)

(2) *The cosmographers which* FIRST *discovered and described the roundness of the earth.* (Ibid., p. 171.) — Ne dirait-on pas que les Pères de l'Église existèrent *tous à la fois*, et qu'ils dirent anathème *tous à la fois* à des *cosmographes* qui, de même *tous à la fois*, avaient découvert *les premiers* la rondeur de la terre. Il n'est pas permis de s'exprimer avec tant d'ignorance et d'inexactitude. Quels sont donc ces *cosmographes?* (Il ne sait jamais le nom de rien) et quand ont-ils vécu? Le raisonnement, l'expérience, l'analogie, tout se réunit pour établir la rondeur de la terre. A nulle époque

Bacon en aurait dit davantage s'il avait osé ; mais son traducteur, qui a dit tout ce que le premier voulait dire, nous a donné, dans sa colère philosophique, un commentaire de ce texte, extrêmement amusant.

« Rien n'a fait plus de tort, dit-il, à l'E-
« glise catholique que la démonstration de
« certaines vérités qu'elle avait longtemps
« niées avec opiniâtreté, et même punies en
« la personne de ceux qui les défendaient...
« Si l'Eglise catholique avait eu la sagesse de
« ne point se mêler des sujets scientifiques et
« philosophiques, ou de ne brûler que l'ar-
« gument en laissant vivre le logicien, elle
« eût prévenu ou du moins beaucoup éloigné
« l'horrible réaction dont nous avons été té-
« moins; mais elle a suivi d'autres maximes,
« et en persécutant nos philosophes, nos prê-
« tres n'ont fait qu'enraciner la philosophie...
« La persécution que les catholiques ont fait
« essuyer au grand Galilée... n'a eu d'autre

du monde, cette vérité n'a pu être universellement ignorée.

« effet que d'exciter un plus grand nombre de « personnes à en lire la démonstration (1). »

Comment ces monstrueuses calomnies ont-elles pu trouver place dans l'esprit d'un écrivain qui a su se recommander à ses lecteurs par une foule de pensées intéressantes dont il a orné sa traduction ? C'est un exemple terrible de l'excès d'aveuglement où les préjugés d'un siècle maudit ont pu porter des hommes faits d'ailleurs pour connaître et aimer la vérité.

Il est faux que l'*Eglise catholique* ait jamais *nié*, encore moins *nié avec opiniâtreté*, et encore moins *puni dans la personne de ceux qui les soutenaient*, je ne dis pas *certaines vérités*, mais *une seule vérité*, dans le cercle des sciences naturelles, dont elle ne se mêle nullement, à moins qu'on n'entreprenne d'y trouver des arguments contre la religion. Et quant

(1) Tom. v. de la trad. (Nov. Org. liv. I, chap. IV, p. 299-300.)

au conseil donné à cette religion de se contenter de *brûler l'argument*, au *lieu de brûler le logicien*, on a lieu de douter si le traducteur jouissait de ses facultés intellectuelles, lorsqu'il écrivait cette pasquinade.

On sait aujourd'hui à quoi s'en tenir sur la vieille querelle des *antipodes*. Pascal a eu le malheur de dire dans une de ses lettres provinciales, pour se donner le plaisir de faire une épigramme contre un Pape, *que le monde aima mieux croire à Christophe Colomb, qui venait des antipodes, qu'au pape Zacharie, qui les niait*. Mais si Pascal avait examiné les pièces, au lieu de se livrer aveuglément à la passion qui conduisait sa plume, il se serait bien vite aperçu de son erreur. Au milieu du huitième siècle le prêtre Virgile, Irlandais de naissance, fut accusé de soutenir « *qu'il y avait un autre monde, d'autres hommes sous la terre, un autre soleil, une autre lune* (1). »

(1) *Quòd alius mundus et alii homines sub terrâ sint, seu alius sol et luna*. (Biblioth. des Pères, dans les lettres de S. Boniface et lettre x^e du tome vi des Conciles.)

Le pape Zacharie, alarmé par des propositions qui lui semblaient attaquer l'origine commune de tout le genre humain et le dogme de la rédemption, ordonna des informations sur ce point; mais on ne voit pas qu'elles aient eu des suites. Virgile mourut paisiblement à Salzbourg, dont il avait été fait évêque après cette affaire, où il ne s'agissait nullement de la question des antipodes proprement dite, sur laquelle les auteurs ecclésiastiques et même des Pères de l'Église du premier ordre ont embrassé l'affirmative (1).

Saint Augustin a dit en propres termes que la terre est suspendue dans le vide, ou dans le rien (*in nihilo*), que l'Océan l'environne de toute part et en fait la plus grande des îles (2). Il me semble qu'on doit être content

(1) Comme on ne doit jamais faire ce qui est fait, je renvoie au *Dictionnaire historique* de l'abbé Feller, article *Virgile* (2), où toutes les autorités sont exactement citées. Il semble n'avoir oublié que saint Augustin, que je cite seul par cette raison.

(2) *S. Aug. Opp.* tom. VII, p. 338-423. Cité dans *le Christianisme de Bacon.* (Tom. II, p. 238-331.) Si l'on veut voir

de cette profession de foi, qui peut tenir lieu de beaucoup d'autres.

Quant à l'affaire de Galilée, il est inconcevable qu'on ose en parler encore après les éclaircissements qui ont été donnés sur ce sujet. Tiraboschi a démontré, dans trois dissertations intéressantes, que les Souverains Pontifes, loin de retarder la connaissance du véritable système du monde, l'avaient, au contraire, grandement avancée, et que, pendant deux siècles entiers, trois Papes et trois Cardinaux avaient successivement soutenu, encouragé, récompensé et Copernic lui-même et les différents astronomes précurseurs plus ou moins heureux de ce grand homme; en sorte que c'est en grande partie à l'Eglise romaine que l'on doit la véritable connaissance

un bel exemple d'effronterie philosophique, il faut lire ce texte de Condorcet après celui de saint Augustin : *Dans le huitième siècle, un Pape* ignorant *persécuta un diacre pour avoir soutenu la rondeur de la terre* CONTRE LE RHÉTEUR AUGUSTIN. (*Esquisse d'un tableau historique*, *etc.*, p. 228.) L'expression impertinente, *le rhéteur Augustin,* appartient à Jean-Jacques.

du système du monde (1). On se plaint de la persécution que souffrit Galilée pour avoir soutenu le mouvement de la terre, et l'on ne veut pas se rappeler que Copernic dédia son fameux livre des *Révolutions célestes* au grand pape Paul III, protecteur éclairé de toutes les sciences, et que, dans l'année même qui vit la condamnation de Galilée, la cour de Rome n'oublia rien pour amener dans l'université de Bologne ce fameux Képler, qui non-seulement avait embrassé l'opinion de Galilée sur le mouvement de la terre, mais qui prêtait de plus un poids immense à cette opinion par l'autorité de ses immortelles découvertes, complément à jamais fameux de la démonstration du système copernicien.

Un savant astronome, de l'Académie des

(1) *Voy.* les Mémoires historiques lus à l'Académie des *Dissonanti* de Modène, par l'abbé *Tiraboschi*. (Storia della Letter. ital. Venise, 1796, in-8o; tom. VIII, p. 313 et suiv.)

Les personnes qui aiment à se défaire de leurs préjugés et à prendre des choses dont elles se doutaient peu feront bien de lire ces deux Mémoires.

sciences de Saint-Pétersbourg, s'étonne de la hardiesse avec laquelle Copernic, *en parlant à un Pape*, s'exprime dans son épître dédicatoire sur les hommes *qui s'avisent de raisonner sur le système du monde sans être mathématiciens* (1). Il part de la supposition que les Papes avaient proscrit ce système, tandis que le contraire de cette supposition est incontestable. Jamais l'Église réunie, jamais les Papes, en leur qualité de chefs de l'Église, n'ont prononcé un mot ni contre ce système en général, ni contre Galilée en particulier. Galilée fut condamné par l'inquisition, c'est-à-dire par un tribunal qui pouvait se tromper comme un autre, et qui se trompa, en effet, sur le fond de la question; mais Galilée se donna

(1) *Exposition du système de l'univers*, par M. Schubbert, chevalier de l'Ordre de Sainte-Anne, astronome de l'Académie impériale des sciences de Saint-Pétersbourg, dans l'Almanach allemand de cette capitale. Année 1809, p. 80-199.

Les rares connaissances et le style non moins distingué de l'auteur ont pu élever un almanach au rang des livres et le placer dans toutes les bibliothèques.

tous les torts envers le tribunal, et il dut enfin à ses imprudences multipliées une mortification qu'il aurait pu éviter avec la plus grande aisance, et sans se compromettre aucunement (1). Il n'y a plus de doute sur ces faits. Nous avons les dépêches de l'ambassadeur du grand-duc à Rome, qui déplore les torts de Galilée. S'il s'était abstenu d'écrire, comme il en avait donné sa parole; s'il ne s'était pas obstiné à vouloir prouver le système de Copernic par l'Ecriture sainte; s'il avait seulement écrit en langue latine, au lieu d'échauffer les esprits en langue vulgaire, il ne lui serait rien arrivé. Mais supposons le contraire de ces faits, et donnons tous les torts à l'inquisition, en résultera-t-il *que les catholiques persécutèrent Galilée?* Quel délire! il y a deux cents millions de catholiques sur la terre, vi-

(1) Il faut encore se rappeler les égards flatteurs dont le ressentiment le mieux fondé ne priva point Galilée. En arrivant à Rome, il logea chez le cardinal Bellarmin, et sa prison passagère fut un palais accompagné de jardins magnifiques. Lui-même datait une lettre: *da questo delizioso retiro.*

vant sous une foule de souverainetés différentes : comment se trouvèrent-ils gênés tous à la fois et pour toujours par le décret d'un tribunal séant dans les murs de Rome ? Quelle corporation, et même quel individu catholique, en sa qualité de catholique, a jamais persécuté Galilée ? S'il était défendu d'enseigner le système de Copernic dans cette capitale, qui empêchait de l'enseigner à quelques milles de Rome, dans tout le reste de l'Italie, en France, en Espagne, en Allemagne, dans tout le monde enfin, Rome exceptée ? Le même écrivain que je citais tout à l'heure s'étonne *que le livre de Copernic ait paru sous l'égide d'un Pape dont les successeurs devaient un jour lancer les foudres du Vatican, et même appeler à leur aide le bras séculier, pour étouffer la vérité nouvelle, et ramener sur le globe la nuit du préjugé à peine dissipée* (1).

(1) *Es ist merkwürdigdasz..... diese grosz Entdeckung zuerst, unter der Ægide eines Pabstes erschien, dessen Nachfolger die Donner des Vaticans und den weltlichen Arm zu Hülferiefen um die neue Wahrheit zu unterdrücken und die kaum zerstreute Nacht der Vorurtheile auf dem*

Je ne veux faire aucune comparaison ; mais voilà cependant encore un exemple remarquable de la force des préjugés sur les plus excellents esprits. En effet, jamais les Papes n'ont lancé ce qu'on appelle *les foudres du Vatican* sur les partisans de Copernic, et moins encore ont-ils *appelé à leur secours la puissance temporelle* pour étouffer la nouvelle doctrine ; car cette puissance leur appartient chez eux, comme à tous les autres princes, et hors de l'état ecclésiastique ils l'auraient invoquée en vain. On ne citera pas un seul monument, un seul rescrit, un seul jugement des Papes qui tende à étouffer ou seulement à décréditer aucune vérité physique ou astronomique : tout se réduit à ce décret de l'inquisition contre Galilée, décret qui ne signifie rien, qui est isolé dans l'histoire, qui n'a produit d'ailleurs et ne pouvait produire aucun effet.

Ce qui est véritablement curieux, c'est la

Erdkreise zurück zu rufen. (*Voy.* l'Exposition du système du monde. Ibid.)

contradiction où tombent, sans s'en apercevoir, tous ces accusateurs de la puissance ecclésiastique. Le traducteur de Bacon va nous en fournir un premier exemple. « *La persécu-* « *tion*, dit-il, *que les catholiques* (les catho- « liques!) *ont fait essuyer au grand Galilée,* « *relativement à son assertion sur le mouve-* « *ment de la terre, n'a eu d'autre effet que* « *d'exciter un plus grand nombre de personnes* « *à en lire la démonstration* (1).

Un philosophe allemand, dans un morceau sur la puissance ecclésiastique (ou ce qu'il appelle l'*Hildebrandisme*), écrit avec un fanatisme et un aveuglement qui auraient fait honneur au seizième siècle, triomphe *de ce que la vérité plus rapide et plus incoercible que son emblème naturel, la lumière, se joua à l'époque de la réforme de tous les obstacles que lui opposa l'Hildebrandisme* (2).

(1) Tom. v de la traduction. Nov. Org. liv. I, chap. IV, p. 300.

(2) Posselt, dans les classiques allemands de Politz. Tom. IV, in-8, p. 104-110.

La condamnation de Galilée ne suspendit presque pas

Je prends acte de cet aveu ainsi que du précédent, et j'observe qu'il est étrange de déclarer la vérité invincible dans la même phrase où l'on accuse l'Église de l'avoir étouffée. Rien, en effet, ne peut supprimer une vérité découverte. Si quelques obstacles la retardent, bientôt ils tournent à son profit : l'histoire fait foi, et si les exemples nous manquaient, la nature de l'esprit humain nous ferait deviner la loi qui est la même dans l'ordre physique ; car *tout obstacle qui n'éteint pas une force en augmente la puissance, parce qu'elle l'accumule*. Du reste ce que l'œil prévenu de ces écrivains n'a garde d'apercevoir, c'est qu'il est infiniment utile qu'il y ait dans le monde une puissance qui s'oppose à toutes les innovations qui lui paraissent téméraires : si elle se trompe, l'invincible vérité a bientôt dissipé le nuage. Dans le cas contraire, infini-

d'un moment le triomphe de la vérité. (Montucla, *Hist. des mathématiques*, part. IV, liv. V, n° III.) Sans doute, mais qu'on ne vienne donc plus nous débiter des élégies sur la *vérité opprimée*.

ment plus fréquent que l'autre, elle rend le plus grand service aux hommes en donnant un frein à l'esprit d'innovation qui est un des plus grands fléaux du monde. Toute autorité, mais surtout celle de l'Eglise, doit s'opposer aux nouveautés sans se laisser effrayer par le danger de retarder la découverte de quelques vérités, inconvénient passager et tout à fait nul, comparé à celui d'ébranler les institutions ou les opinions reçues. On a appliqué, avec beaucoup d'esprit, à la souveraineté spirituelle ces vers de Virgile :

Res dura, et regni novitas me talia cogunt
Moliri, et latè fines custode tueri. (ÆN. I, 567.)

Si la Bulle de Léon X eût étouffé le protestantisme dans son berceau, elle eût évité la guerre de trente ans, la guerre des paysans, les guerres civiles de France, d'Allemagne, d'Angleterre, de Flandre, etc., l'assassinat de Henri III, l'assassinat de Henri IV, l'assassinat de Marie Stuart, l'assassinat du prince d'Orange, l'assassinat de Charles Ier, le massacre de Mérindol, le massacre de la Saint-

Barthélemy et la révolution française, incontestable fille de celle du seizième siècle.

Si la censure de la Sorbonne eût arrêté subitement Buffon, son brillant esprit, incapable de repos, nous aurait parlé utilement sur quelque sujet utile, au lieu d'enfanter les *Epoques de la nature*, et peut-être n'eût-on pas imprimé à Londres une traduction des OEuvres de ce naturaliste, DÉGAGÉE DE SES EXTRAVAGANCES (1).

Ainsi l'alliance de la religion et de la science, que Bacon nous présente comme un fléau de l'esprit humain, est le grand but vers lequel les législateurs doivent tendre de toutes leurs forces, parce que la religion, en purifiant et en exaltant l'esprit humain, le rend plus propre aux découvertes, parce qu'elle combat sans relâche le vice qui est l'ennemi capital de la vérité, et parce qu'en favorisant la science de ces deux manières, elle achève

(1) *Freed from his extravagancies.* Ce sont les paroles du prospectus que j'ai lu jadis.

de la perfectionner en la privant d'une certaine *alcalescence* originelle qui la fait tendre sans cesse à la putréfaction.

Bacon, en ne cessant d'invectiver contre l'enseignement et l'état des sciences de son temps, invectivait réellement contre une loi *cosmique* : autant valait écrire contre la précession des équinoxes ou contre les marées. Il voulait à toute force troubler, s'il est permis de s'exprimer ainsi, la végétation de la plante humaine. Il *protestait* contre la marche de l'action divine. Jamais la science ne doit paraître avant que les esprits soient préparés à la recevoir sans danger, et même pour le bien général de l'humanité il faut plaindre sincèrement la nation chez qui cet ordre aurait été interverti.

Toute la science de l'univers a commencé dans les temples, et les premiers astronomes surtout furent des prêtres. Je ne dis pas qu'il faille recommencer l'initiation antique, et changer les présidents de nos académies en hiérophantes ; mais je dis que toutes les choses recommencent comme elles ont commencé, qu'elles portent toutes un principe originel qui se modifie suivant le caractère différent des nations et la marche progressive de l'esprit humain, mais qui cependant se montre toujours d'une manière ou de l'autre. Les prêtres ont tout conservé, ont tout ranimé, et nous ont tout appris. Il serait inutile de rappeler ce que nous devons aux moines; mille plumes ont épuisé ce sujet (1). Le mot *clerc* signifia et signifie même encore quelquefois dans notre langue *un savant* (2), et celui

(1) Hume a fait ces aveux exprès : ***Si nulle nation de l'Europe ne possède une aussi grande quantité d'annalistes fidèles et de monuments historiques que la nation anglaise, elle le doit uniquement au clergé de l'Eglise romaine, qui a préservé ses trésors.... Tout homme qui a feuilleté les annalistes cénobites sait qu'à travers leur style barbare ils sont pleins d'allusions aux auteurs classiques et surtout aux poëtes.*** (Hume's Richard III, ch. XXIII. Ibid. note D.)

Hume, qui affecte l'impartialité sans la posséder réellement, puisqu'elle ne peut résider que dans la conscience, oublie ailleurs ce qu'il vient de nous faire lire, et nous dit intrépidement *que, par l'établissement des monastères, une foule d'hommes furent arrachés aux arts utiles et nourris* DANS LES RÉCEPTACLES DE LA PARESSE ET DE L'IGNORANCE. (Henri VIII, chap. XXIX.) — Il est comique!

(2) *C'est un grand clerc; il est* ou *il n'est pas très-grand*

de *clergie* désignait la science. Dans l'ancienne Italie un ignorant fut nommé *un laïque* (1). La conservation et la renaissance de l'astronomie sont dues uniquement à la question de la Pâque (2). La réformation du calendrier fut le grand œuvre du sacerdoce, qui en fit présent même à ceux qui le refusaient. L'un des principaux ouvriers de cette grande entreprise fut le jésuite Clavius; et, puisque ce nom se présente à moi, j'observerai que l'ordre des jésuites, qui possède éminemment l'esprit sacerdotal, a toujours montré, par cette raison, beaucoup de talent et d'inclination pour l'astronomie. Lalande en a fait l'observation,

clerc dans cette matière. Ce sont des façons de parler encore usitées. Les navigateurs modernes ont trouvé qu'à Taïti le même mot (*tahowa*) signifie *prêtre* et *savant.* (Carli, *Lettere americane*, tom. I, lett. VII.) C'est de tout côté la même loi.

(1) *Dagl' Italiani, per un bel passo di Dante, si diceva* laico, *per dir uomo che non sapeva di lettere.* (Vico, Scienza nuova, in-8°, p. 201.)

(2) C'est une remarque très-juste de M. l'abbé Andres (*Dell' origine, progresso e stato attuale d'ogni letteratura*, Tom. IV, in-4°, p. 260.)

et a donné une longue liste des astronomes que cet ordre a produits. On sait ce qu'ils ont fait à la Chine et ailleurs, et bientôt, je l'espère, ils reprendront les mêmes travaux avec de plus grands succès, aucune loi primitive ne pouvant être entièrement effacée.

Tous les arts libéraux ont suivi pour nous la même marche que celle des sciences. Notre musique naquit dans l'Eglise, et, lorsque les débris de la poésie et de la musique antique eurent enfin conclu avec le génie du Nord cette alliance dont les conditions sont à jamais écrites dans les hymnes de l'Eglise romaine, un prêtre régulier (Guy d'Arezzo) donna à l'Europe cette écriture musicale, qui doit suivant les apparences, durer autant que l'écriture algébrique (1).

(1) *Nel lungo catalogo che si potrebbe formare degli scrittori di musica di que' tempi, pochi s'incontreranno che non sieno monachi od ecclesiastici. Non per erudizione o coltura,... non per illustrare le matematiche discipline, ma per cantare degnamente i divini uffizi si coltivava lo studio della musica; e i più antichi monumenti che abbiamo..., di quella*

Les premiers essais et les plus grands efforts de la peinture et de la sculpture représentèrent jadis les héros et les dieux. A la renaissance des arts, le Christ et ses *héros* s'offrirent à l'imagination des artistes, et lui demandèrent des chefs-d'œuvre d'un ordre supérieur. L'art antique avait senti et rendu le *beau idéal;* le Christianisme exigea un *beau céleste*, et il en fournit des modèles dans tous les genres : ses vieillards, ses jeunes gens, ses enfants, ses femmes, ses vierges, sont des êtres nouveaux qui semblent défier le génie. Saint Pierre recevant les clefs, saint Paul parlant devant l'aréopage, saint Jean écoutant les trompettes, ne laissent rien désirer à l'imagination tout à la fois la plus brillante et la plus sage. La beauté mâle dans sa fleur respire sur la figure des anges; en eux se réunit la grâce sans mollesse et la vigueur sans rudesse; ils n'ont pas les deux sexes comme le dégoûtant Hermaphrodite; ils ont

scienza, tutti vengano da' libri di coro e da' canti delle chiese. (M. l'abbé Andres. Ibid. p. 264.)

la beauté des deux sexes, et cependant ils n'ont point de sexe. Le goût même se croirait coupable, s'il y pensait. Une éternelle adolescence brille sur ces visages célestes; jamais ils n'ont été enfants, jamais ils ne seront vieillards; en les contemplant, nous avons une idée de ce que nous serons, lorsque nos corps se relèveront de la poussière pour n'y plus rentrer.

L'enfance surnaturelle se montre déjà dans ces inimitables chérubins que Raphael a placés au-dessous de la Reine des anges dans l'un de ses plus beaux tableaux. Ces têtes sont pleines d'intelligence, d'amour et d'admiration. C'est la grâce des amours, fondue dans l'innocence et la sainteté; mais tous ces efforts de l'art ne sont que des préparations, et comme des degrés qui doivent élever l'artiste jusqu'à la figure de l'*Enfant-Dieu*. Le voyez-vous sur les genoux de sa mère? elle embrasse son créateur, qui lui demande du lait (1). La

(1) *Vergine madre, figlia del tuo figlio,*
Humil ed alta più che creatura!

parole éternelle balbutie; elle joue, elle dort; mais le *Verbe*, qui se rapetisse pour nous en voilant sa grandeur, n'a pas voulu l'éclipser. Le nuage qui couvre l'astre épargne l'œil sans le tromper, et jusque dans les moindres traits de l'enfance mortelle on sent le Dieu.

Bientôt nous le verrons dans le temple étonner les docteurs; ensuite il commandera aux éléments, il ressuscitera les morts; il instruira, il consolera, il menacera les hommes; il parlera, il agira pendant trois ans *comme ayant la puissance* (1). Il se livrera enfin volontairement aux tourments d'un supplice affreux; il montera sur la croix, il y parlera sept fois, et toujours d'une manière extraordinaire. Sa voix se renforçant à mesure que la mort s'approche pour lui obéir,

Termine fisso d'eterno consiglio;
Tu sei colei che l'umana natura
Nobilitasti si, che'l tuo fattore
Non si sdegnò di farsi tua fattura.

(1) *Sicut potestatem habens.* (Matth.) (Dante, Parad. XXXIII, v. 1 et suiv.)

sa dernière parole sera plus haute, et *libre entre les mourants* comme il sera bientôt *libre entre les morts* (1); il mourra quand il voudra, en trompant ses bourreaux étonnés, qui n'avaient pu calculer que sur des hommes la durée possible du supplice.

L'art antique a su nous montrer dans le Laocoon le plus haut degré de souffrance physique et morale, sans contorsions et sans difformité. C'était déjà un grand effort de talent que celui de nous représenter la douleur à la fois belle et reconnaissable; cependant il ne nous suffit plus pour peindre le Christ sur la croix. Qui pourra nous montrer le Dieu humainement tourmenté, et l'homme souffrant divinement? C'est un chef-d'œuvre idéal dont il paraît qu'on peut seulement approcher; je ne crois pas que, parmi les plus grands artistes, un seul ait pu jamais contenter ni lui-même ni le véritable connaisseur; cependant le modèle, même *inarrivable*, ne

(1) *Inter mortuos.* (Ps. LXXXVII, 6.)

laisse pas que d'élever et de perfectionner l'artiste. Le talent, fatigué par ses efforts, pouvait se délasser en s'exerçant sur la figure des martyrs. C'était encore de superbes modèles que ces *témoins* sublimes qui pouvaient sauver leur vie en disant *non*, et qui la jetaient en disant *oui*. Sur le visage de ces victimes volontaires l'artiste doit nous faire voir non-seulement la douleur *belle*, mais la douleur *acceptée*, mêlée dans leurs traits à la foi, à l'espérance, à l'amour.

La beauté ayant été donnée à la femme, la femme devait être le modèle de choix pour les deux premiers arts d'imitation. L'antiquité, chez qui le vice était une religion, pouvait se donner carrière sur ce point; mais le Christianisme, qui n'admet rien de ce qui peut altérer la morale, a prononcé à cet égard une loi bien simple. Cette loi proscrit toute représentation dont l'original offenserait dans le monde l'œil même de la sagesse humaine. Comment la femme ne rougirait-elle pas d'être représentée aux yeux, d'une manière qui la ferait chasser d'une assemblée comme une folle dégoûtante si elle osait s'y montrer ainsi?

Et pourquoi l'homme, plus hardi que la femme, oserait-il cependant demander à l'art la copie d'une réalité qu'il aurait accablée de ses sarcasmes? On n'a pas manqué d'observer que cette réserve nuit à l'art; mais c'est une erreur qui repose sur une fausse idée du beau que le vice définit à sa manière. Il me souvient que, dans un journal français très-répandu, on demandait au célèbre auteur du *Génie du Christianisme, si une nymphe n'était pas un peu plus belle qu'une religieuse.* En les supposant représentées par le même talent ou par des talents égaux (condition sans laquelle la demande n'aurait point de sens), il n'est point douteux que la religieuse serait plus *belle.* L'erreur la plus faite pour éteindre le véritable sentiment du beau est celle qui confond *ce qui plaît et ce qui est beau*, ou, en d'autres termes, ce qui plaît aux sens et ce qui plaît à l'intelligence. Quel spectateur de notre sexe ne se trouve pas plus ému par la Vénus du Titien que par la plus belle Vierge de Raphael? Et cependant quelle différence de mérite et de prix! *Le beau*, dans tous les genres imaginables, est *ce qui plaît à la vertu éclairée.* Toute autre définition est fausse ou insufſisante. Pourquoi donc la religieuse serait-elle moins belle que la nymphe? Parce qu'elle est vêtue peut-être? mais par quel aveuglement immoral veut-on donc encore juger la représentation autrement que la réalité? Qui ne sait que la beauté devinée est plus séduisante que la beauté visible? Quel homme n'a remarqué, et dix mille fois, que la femme qui se détermine à satisfaire l'œil plus que l'imagination manque de goût encore plus que de sagesse? Le vice même récompense la modestie, en s'exagérant le charme de ce qu'elle voile. Comment donc la loi changerait-elle de nature en changeant de place? évidente, incontestable dans la réalité, comment seraitelle fausse sur la toile? Ces maximes pernicieuses ne sont propagées que par la médiocrité qui se met à la solde du vice pour s'enrichir. Le beau religieux est au-dessus du beau idéal, puisqu'il est l'idéal de l'idéal; mais, peu de gens pouvant s'élever à cette hauteur, l'artiste vulgaire quitte ce qui est beau pour ce qui plaît. Ecrasé par le talent qui produit la *transſiguration* et la Vierge *della Seggiola*, il s'adresse aux sens pour être sûr de la foule. Il sait bien que le vice s'appelle *légion*. La foule accourt donc en battant des mains, et bientôt le peintre pourra s'écrier au milieu des applaudissements : *Ingenio victi, re vincimus ipsâ*.

Une loi sévère, qui se mêle à toutes les pensées de l'art, lui rend le plus grand service en s'opposant à la corruption, qui détruit à la fin le beau de toutes les classes, comme un ulcère malin qui ronge la vie.

La femme chrétienne est donc un modèle surnaturel comme l'ange. Elle est *plus belle encore que la beauté*, soit que, pour confesser sa foi, elle marche au supplice avec les grâces sévères de son sexe et le courage du nôtre, soit qu'auprès d'un lit de douleur elle vienne servir et consoler la pauvreté malade et souffrante, ou qu'au pied d'un autel elle présente sa main à l'homme qu'elle aimera seul jusqu'au tombeau; dans toutes ces têtes d'un caractère si différent il y a, cependant, toujours un trait général qui les fait remonter au même principe de beauté.

. . . . . . *Facies non omnibus una,*
Nec diversa tamen, qualem decet esse sororum.

A l'aspect de ces figures, quelque belles qu'on les puisse imaginer, aucune pensée profane n'oserait s'élever dans le cœur d'un homme de goût. On leur doit une certaine admiration intellectuelle pure comme leurs modèles. Jusque dans leurs vêtements il y a quelque chose qui n'est pas terrestre. On doit y voir l'élégance sans recherche, la pauvreté sans laideur, et, si le sujet l'ordonne, la pompe sans le faste. ELLES SONT BELLES COMME DES TEMPLES (1).

Et comme de la réunion d'une foule de traits empruntés à différentes beautés on vit naître jadis un modèle fameux dans l'antiquité, tous les traits de la beauté sainte se réunissent de même, comme dans un foyer, pour enfanter la figure de MARIE; le désespoir est cependant l'objet le plus chéri de l'art moderne dans toute sa vigueur. Il semble que l'empire du sexe pénètre jusque dans ce cercle religieux, et que les hommes saisissent

(1) *Filiæ eorum compositæ in similitudinem templi.* (Ps. CXLIII, 13.)

avec empressement l'idée de la femme divinisée. La fabuleuse *Isis*, ayant aussi un enfant mystérieux sur ses genoux, obtenait déjà je ne sais quelle préférence de la part des imaginations antiques. Chacun voulant en posséder l'image, un poëte a dit :

Par ISIS, comme on sait, les peintres sont nourris (1).

Dans l'ordre de la vérité et de la sainteté, MARIE peut faire naître une observation semblable. *Toujours la même et toujours nouvelle*, nulle figure n'a plus exercé le talent imitatif. Le pinceau des plus grands maîtres semble en avoir fait un objet d'engagement et d'émulation. Sur ce sujet mille et mille fois répété, tantôt ils surpassaient leurs rivaux, et tantôt ils se surpassaient eux-mêmes. Il n'y a pas un cabinet distingué, en Europe, qui ne renferme

(1) ...*Pictores quis nescit ab* ISIDE *pasci?* (Juven. XII, 28.)

quelque chef-d'œuvre de ce genre ; et tandis que l'amateur s'extasie devant eux, le missionnaire armé de la même figure, quoique faiblement exécutée, commence efficacement l'œuvre de la régénération humaine (1).

Les considérations précédentes expliquent pourquoi nous avons été, suivant toutes les apparences, aussi supérieurs aux anciens dans la peinture qu'ils nous ont eux-mêmes surpassés dans la statuaire, ou du moins pourquoi nous n'avons jamais pu parvenir à la même perfection dans les deux genres : c'est que, la peinture n'ayant point eu de modèle

(1) Les figures de Marie et de Jésus enfant ont toujours été un grand levier entre les mains des missionnaires auprès des sauvages et des barbares. L'orgueil philosophique et un autre qui est son frère ne manqueront pas de crier à l'idolâtrie, mais ils n'y entendent rien. *L'idolâtrie* est naturelle à l'homme, et très-bonne en soi, *à moins qu'elle ne soit mauvaise.*

Dans une lettre manuscrite, écrite en latin par quelques missionnaires, le 25 novembre 1806, à leur supérieur en Europe, et datée d'une ville où l'on n'irait guère chercher l'idolâtrie, je lis *qu'un peintre et un sculpteur leur seraient aussi nécessaires que des ouvriers évangéliques.*

parmi nous, elle est née tout simplement dans l'Église, et que, cette naissance étant naturelle, elle a produit librement tout ce qu'elle pouvait produire. Dans la sculpture, au contraire, nous avons copié; et c'est encore une loi universelle que toute copie demeure au-dessous de l'original. C'est en vain d'ailleurs que pour les représentations religieuses on chercherait un ange dans l'Apollon du Belvéder, une vierge dans la Vénus de Médicis, un martyr dans le Laocoon, un saint Jean dans Platon, etc. Ils n'y sont pas.

Lorsque, autrefois, quelqu'un dit à Phidias qui *pensait* son Jupiter : *Où chercheras-tu ton modèle? monteras-tu sur l'Olympe?* Phidias répondit : *Je l'ai trouvé dans Homère* (1).

Pareillement, si l'on eût dit à Raphaël : *Où donc as-tu vu* MARIE? il aurait pu répondre:

(1) Ἦ, καὶ κυανέῃσιν, etc., c'est-à-dire : *Il dit, et le froncement de son noir sourcil annonça ses volontés : sa chevelure s'agita, exhalant un parfum divin, et d'un mouvement de sa tête immortelle il ébranla l'immense Olympe.* (Iliad. I, 528-530.)

Je l'ai vue dans saint Luc (1) ; parce qu'il n'y avait, en effet, de part et d'autre, qu'un modèle intellectuel.

Est-il nécessaire de parler de l'architecture ? Non : dans tout ce qu'elle a de grand et d'éternellement beau, elle est tout entière une production de l'esprit religieux. Depuis les ruines de Tentyra jusqu'à Saint-Pierre de Rome, tous les monuments parlent ; le génie de l'architecture n'est véritablement à l'aise que dans les temples ; c'est là qu'au-dessus du caprice, de la mode, de la petitesse, de la licence, enfin de tous les vers rongeurs du talent, il travaille sans gêne pour la gloire et pour l'immortalité.

Les mêmes hommes qui demandaient, en France, *si une nymphe n'est pas plus belle qu'une religieuse* s'écriaient encore : *Soyons chrétiens dans l'église et païens au théâtre.* Ce dernier conseil était bien mauvais, car il n'y a rien de si insipide que le paganisme

(1) *Magnificat, etc.* Luc. 1, 46.

amené ou ramené sur nos théâtres, contre toutes les règles de la vraisemblance et du goût. Cette fade mythologie est un défaut visible de la scène française, d'ailleurs si parfaite.

La Harpe a dit, à propos de la comédie latine : *Il n'y a point, à proprement parler, de comédie latine, puisque les Latins ne firent que traduire ou imiter les pièces grecques, que jamais ils ne mirent sur le théâtre un seul personnage romain, et que dans toutes leurs pièces c'est toujours une ville grecque qui est le lieu de la scène. Qu'est-ce que des comédies latines où rien n'est latin que le langage? Ce n'est pas là sans doute un spectacle national* (1).

Qui nous empêche de parodier ainsi ce morceau?

(1) Lycée, tom. II, Sect. 2. — Il aurait pu citer Plaute.

Atque hoc poetæ faciunt in comœdiis.
Omnes res gestas esse Athenis autumant,
Quo illud vobis Græcum videatur magis.

(Men. Prol. 7-10.)

Il n'y a point, à proprement parler, de tragédie française, *puisque les* Français *n'ont fait que traduire ou imiter les pièces grecques, que jamais ils ne mirent sur le théâtre* (1) *un seul personnage* français, *et que dans toutes leurs pièces c'est toujours une ville étrangère qui est le lieu de la scène. Qu'est-ce que des tragédies* françaises *où rien n'est* français *que le langage? Ce n'est pas là sans doute un spectacle national.*

La Harpe, sans s'en apercevoir, a fait un reproche très-fondé à la scène tragique française. Lorsque j'assiste à une représentation de *Phèdre* et que j'entends la fameuse tirade, il ne me faut pas moins que toute la force de l'habitude et l'inimitable perfection de Racine pour m'empêcher de rire. Qu'est-ce que tout cela nous fait à nous, chrétiens ou athées du dix-neuvième siècle? Rien n'est plus étranger à nos mœurs, à notre croyance, à notre phi-

(1) Du moins jusqu'à Voltaire et quelques faibles imitateurs, ses contemporains.

losophie même. Je n'entends qu'Euripide supérieurement traduit; c'est un anachronisme de goût. Voltaire, quoique ses beaux vers le soient bien moins que ceux de Racine, produit cependant un beaucoup plus grand effet dans la scène de Lusignan, précisément *parce qu'étant païen dans le monde* il eut le courage d'être *chrétien au théâtre*. En général, et sans exclure aucun sujet, la loi qui comprime toutes les passions produira toujours un effet merveilleux sur la scène, lorsqu'on saura la mettre aux prises avec elles.

Et qui pourrait le croire avant d'y avoir scrupuleusement réfléchi? la composition dramatique qui a le plus à gagner par l'empire de l'esprit religieux, c'est la comédie, parce qu'il tend constamment à introduire dans les mœurs générales une certaine sévérité qui fait haïr l'indécence et la grossièreté, ennemies mortelles de la bonne comédie. Le poëte, obligé d'être comique sans être coupable,

Sans doute de son art remporterait le prix.

Y a-t-il donc quelque rire préférable au rire innocent? Molière, s'il eût eu la moralité de Destouches, n'en vaudrait-il pas mille fois mieux? La loi sainte, lorsqu'elle ne peut commander entièrement à l'esprit du monde, l'oblige cependant à transiger. Chose étonnante! elle perfectionne même ce qu'elle proscrit.

CHAPITRE VIII.

RELIGION DE BACON.

Le traducteur de Bacon, qui s'était, pour ainsi dire, imprégné de l'esprit de son auteur, le fait parler ainsi :

« Parlant à un roi théologien et dévot, de-
« vant des prêtres tyranniques et soupçon-
« neux, je ne pourrai manifester entière-
« ment mes opinions ; elles heurteraient trop
« les préjugés dominants. Obligé souvent de
« m'envelopper dans des expressions géné-
« rales, vagues et même obscures, je ne

« serai pas d'abord entendu, mais j'aurai « soin de poser des principes dont ces vérités « que je n'oserai dire, seront les conséquen-« ces éloignées, *et tôt ou tard ces conséquen-« ces seront tirées* (1). Ainsi sans attaquer « directement le trône ni l'autel, qui, au-« jourd'hui appuyés l'un sur l'autre, et re-« posant tous deux sur la triple base d'une « longue ignorance, d'une longue terreur et « d'une longue habitude, me paraissent in-« ébranlables, tout en les respectant verba-« lement je minerai l'un et l'autre par mes « principes; car le plus sûr moyen de tuer « du même coup et le sacerdoce et la royauté, « sans égorger aucun individu, c'est de tra-

(1) Rien n'est plus vrai. C'est ainsi que le traducteur de Bacon nous dit, à la fin du dix-huitième siècle : *Nous plaçons la physique avant la morale*, SA FILLE. (Préf. génér., p. LX.) Et nous avons entendu un autre admirateur de Bacon demander, avec une charmante naïveté : *Comment peut-on avoir une bonne métaphysique avant d'avoir une bonne physique?* (Sup., p. 8-9.) Parmi le nombre presque infini de blasphèmes que notre siècle a proférés contre le bon sens, la morale et la dignité de l'homme, on n'en trouvera pas un seul qui ne se trouve ou virtuellement ou expressément dans les OEuvres de Bacon.

« vailler en éclairant les hommes à rendre à « jamais inutiles les rois et les prêtres, leurs « flatteurs et leurs complices, quand ils dés« espèrent de devenir leurs maîtres. Ce sont « des espèces de tuteurs nécessaires au peu« ple, tant qu'il est enfant et mineur. Un « jour finira cette longue minorité, et alors, « rompant lui-même ses lisières, il se tirera « de cette insidieuse tutelle; *mais gardons-« nous d'émanciper trop tôt l'enfant robuste*, « et tenons-lui les bras liés jusqu'à ce qu'il ait « appris à faire usage de ses forces, de peur « qu'il n'emploie sa main gauche à couper sa « main droite, ou ses deux mains à se couper « la tête (1). »

Le tome second de cet ouvrage justifie complétement la vérité de cette prosopopée. J'espère avoir rendu les *ténèbres* de Bacon *visibles* (pour me servir d'une expression célèbre dans son pays). J'ai forcé ce sphinx à parler clair, et ses énigmes ne feront plus désormais que des dupes volontaires. Cepen-

(1) Préface générale, p. XLIV.

dant je crois utile de ramasser encore ici quelques textes précieux qui manquaient à la conviction de l'accusé. Je les accompagnerai des notes du traducteur, qui a toujours soin d'aiguiser le trait et de le faire sentir.

Les causes finales ou les intentions sont le tourment de la philosophie moderne qui n'a rien oublié pour s'en débarrasser. De là, entre autres, son grand axiome : *La nature ne crée que des individus*. En effet, toute classification supposant l'ordre, cette philosophie a nié les classes pour nier l'ordre. Afin d'asseoir ce merveilleux raisonnement, elle fixe ses yeux louches sur les différences des êtres pour se dispenser de les tourner sur leurs ressemblances. Elle ne veut pas reconnaître que les nuances entre les classes et les individus constituent un ordre de plus, et que la diversité dans la ressemblance suppose plus visiblement l'intention que la ressemblance seule.

Enfin, quand l'ordre vient à l'éblouir, elle cherche quelque lieu sombre où elle puisse jouir du plaisir de ne pas l'apercevoir; puis elle nie de l'avoir vu, parce qu'elle ne le voit plus.

Je citerai, sur ce point, une des extravagances de Bacon, qui m'avait échappé dans le chapitre des causes finales.

« Si le suprême ouvrier, dit-il, s'était con-
« duit à la manière d'un décorateur, il au-
« rait arrangé les étoiles de quelque belle et
« élégante manière; tandis que, au con-
« traire, parmi leur foule innombrable on
« trouvera difficilement quelque figure régu-
« lière, ou carrée, ou triangulaire, ou recti-
« ligne (1). »

D'où il suit immédiatement qu'il n'y a ni

(1) De Augm. Scient. lib. V, cap. IV, p. 274. *Si summus ille opifex ad modum* ædilis *se gessisset*, *etc.* J'ai substitué le mot de *décorateur* à celui d'*édile*, qui ne serait ni d'abord ni universellement senti. Cette idée plaisait si fort à Bacon qu'il y revient dans un autre ouvrage : *Il serait important*, dit-il, *de remarquer..... qu'on ne voit point d'étoiles qui, par leur arrangement*, *etc.* (Sylva Sylv.) préf. de l'auteur, tom. VII de la trad., p. 42.) Il n'est, au contraire, *nullement important* de faire une remarque qui ne saurait appartenir qu'à un très-petit ou à un très-mauvais esprit.

ordre, ni *beauté*, ni *élégance* dans l'arrangement des corps célestes, parce qu'ils ne forment point à nos yeux de figures régulières.

Il n'y a rien de si décisif que ces sortes de textes, on y voit le plaisir secret, et cependant bien visible, de l'esprit révolté qui cherche le hasard, et se réjouit de l'apparence seule de cette chimère.

Que dirait-on d'un homme qui refuserait de voir de l'ordre dans un parterre, parce qu'il ne sait en voir ni dans les grains de sable qui couvrent les allées, ni dans les fleurs et les graminées qui tapissent les plates-bandes et les boulingrins?

Mais suivons le raisonnement de Bacon. Il se plaint d'abord de l'esprit humain *toujours prêt à voir dans l'univers plus* d'égalité *et* d'uniformité *qu'il n'y en a réellement* (1). *De là*

(1) *Égalité* et *uniformité* signifient *ordre*, et nous avons entendu M. de Luc, disciple admirateur et interprète de Bacon, avertir rondement les hommes *de ne pas se laisser séduire parce qu'on aperçoit l'ordre dans l'univers*, ce qui n'est au fond qu'une traduction de la pensée de Bacon.

vient, continue-t-il *sagement*, LE RÊVE *des mathématiciens qui rejettent les spirales pour faire circuler les planètes dans des cercles parfaits* (1). Il fait ensuite un autre reproche à l'homme, celui *de se regarder comme la règle et le miroir de la nature, et de croire qu'elle agit comme lui? idée aussi absurde*, dit-il, *que celles des anthropomorphites chrétiens ou païens* (2).

Il est impossible de mépriser assez et cette vile philosophie et le vil écrivain qui nous l'a transmise. Quoi donc! l'intelligence humaine, qui étudie dans elle-même l'intelligence divine, est aussi absurde que l'*antrhropomorphite*, qui prête à Dieu une forme humaine! Nous savons cependant que nous

(1) Comme si des spirales revenant sur elles-mêmes et répétant les mêmes phénomènes avec une invariable constance n'étaient pas, même dans son hypothèse extravagante, des courbes régulières, aussi concluantes en faveur de l'ordre que des cercles parfaits.

(2) De Augm. Scient. lib. V, cap. IV. Opp. tom. VII, p. 273.

avons été créés *à l'image* du grand Être; il nous a même ordonné expressément *de lui ressembler* dans ses perfections, et la philosophie antique avait déjà préludé à ce précepte sublime (1). Permis à la philosophie moderne, toute gonflée du venin de Bacon, de nous répéter jusqu'à la satiété, jusqu'au dégoût, jusqu'à la nausée, *que nous faisons Dieu semblable à l'homme;* nous leur répondrons autant de fois que ce n'est pas tout à fait la même chose de dire *qu'un homme ressemble à son portrait*, *ou que son portrait lui ressemble.*

Ces préliminaires sur la faiblesse de l'esprit humain conduisent Bacon à nous dire *que l'épicurien Velleius* (qui parle dans les *Dialogues de Cicéron sur la nature des dieux*)

(1) *Suivez Dieu*, disait déjà Pythagore. Il serait inutile de citer Platon ou Épictète ; mais rien n'effraie Bacon *et ses descendants* comme la ressemblance nécessaire des intelligences; ils déclarent, d'un commun accord, *anthropomorphite* l'homme qui cherche l'intention dans l'ordre, parce que cette idée est *humaine.*

aurait fort bien pu se passer de demander à ses interlocuteurs pourquoi Dieu s'était amusé, comme un décorateur, à brillanter la voûte céleste en y attachant un nombre infini d'étoiles?

Mais pourquoi *Velleius pouvait-il se dispenser de faire cette question?* Bacon s'explique : *C'est que si Dieu était réellement l'auteur de cette décoration, il aurait arrangé ces étoiles de quelque manière élégante et régulière; ce qui n'a pas lieu.*

Ainsi Bacon trouve qu'Épicure ne raisonne pas assez bien et ne se sert pas de tous ses avantages contre la Providence. *Vous accordez*, dit-il à un épicurien, *vous accordez que Dieu a décoré le ciel, et vous demandez* pourquoi? *Mais vous n'y pensez pas. Dieu est étranger à l'ordonnance de ce beau ciel; s'il s'en était mêlé, on le verrait à l'arrangement des étoiles. Cette idée d'ailleurs d'un ouvrier prouvé par son ouvrage est une* idole de caverne *née de cette espèce de rage qui porte l'homme à raisonner sur l'intelligence divine d'après la sienne*(1). *Vous êtes habitué à voir l'intention, et par conséquent l'intelligence, partout où vous voyez l'ordre, et vous avez raison quant aux ouvrages humains; mais si vous transportez la règle à la fabrique de l'univers, elle devient fausse; ce n'est plus qu'une idole et un véritable* anthropomorphisme; *vous faites Dieu semblable à l'homme. Que s'il s'agit des étoiles en particulier, l'observation précédente* n'est pas même nécessaire (2); *car elles sont visiblement jetées au hasard; un tapissier aurait mieux fait. Ainsi elles ne prouveraient rien, quand même l'ordre prouverait quelque chose.*

Tel est Bacon *déplissé;* et l'on comprend maintenant l'*importance* de l'observation faite au sujet des étoiles. L'irrégularité des constellations le débarrassait de l'ordre, et c'était pour lui une victoire sur *les idoles.*

(1) *Neque enim credibile est... quantum agmen* olorum *philosophiæ immiserit naturalium operationum ad similitudinem actionum humanarum reductio: hoc ipsum, inquam, quòd putetur talia naturam facere qualia homo.* (Bacon, ibid. De Augm. Scient. V, 4, p. 273.)

(2) NON OPUS EST. (Bacon Ibid.)

Mais c'est un grand bonheur qu'après avoir développé une maxime pernicieuse de Bacon, on soit toujours dans le cas de prouver qu'il était impossible de raisonner plus mal.

Depuis quand l'ordre qu'on n'aperçoit pas est-il un argument contre celui qu'on aperçoit? et quand nous voyons l'ordre, et l'ordre évident, dans notre système, qu'importe qu'il échappe à nos regards dans les systèmes plus éloignés? D'ailleurs, de cette observation triviale *qu'on n'aperçoit aucun arrangement régulier parmi les étoiles*, on n'a pas du tout le droit de conclure qu'il n'y en a point; l'analogie exige, au contraire, une conclusion tout opposée. Ici se place d'elle-même une belle pensée de Fénélon.

« Si des caractères d'écriture étaient d'une « grandeur immense, chaque caractère, re- « gardé de près, occuperait toute la vue d'un « homme; il ne pourrait en apercevoir qu'un « seul à la fois, et il ne pourrait lire, c'est- « à-dire assembler les lettres et découvrir le « sens de tous ces caractères rassemblés... « Il n'y a que le tout qui soit intelligible,

« et le tout est trop vaste pour être vu de « près (1). »

Comment pourrions-nous lire une écriture dont chaque lettre est un monde ? et, quand la dimension des caractères ne s'y opposerait pas, sommes-nous placés pour lire ?

En un mot, l'*ordre aperçu prouve l'intention, et l'ordre inaperçu ne l'exclut point;* et dans tous les sens Bacon est non-seulement pitoyable, mais de plus éminemment répréhensible (1).

(1) Fénélon, *de l'Exist. de Dieu*, Ire part., ch. II, concl. génér.

(2) Je n'insiste ici que sur le point de la religion ; cependant, comment ne pas s'impatienter en passant contre un homme qui, *bien et justement atteint et convaincu* de la plus profonde ignorance sur les premiers principes de toutes les sciences, se permet néenmoins d'appeler RÊVES (*commenta*) des découvertes immortelles dont il n'avait pas la moindre idée, et non-seulement de contredire, mais de tourner en ridicule et d'insulter presque des astronomes du premier ordre, qui, déjà de son temps, avaient solidement établi le véritable système du monde.

Il peut se faire que son traducteur se soit trompé, en le donnant *toujours* pour un hypocrite qui ne prend le masque du chrétien que pour en imposer au roi et aux prêtres; mais il est vrai cependant que, dans certains endroits où l'on pourrait soupçonner M. Lasalle d'avoir poussé cette idée trop loin, Bacon lui-même a pris soin de le justifier. Celui-ci, par exemple, ayant parlé du miracle de la Pentecôte avec la gravité convenable (1), M. Lasalle ajoute en note : *Ceux de nos lecteurs qui, à la première vue, seront choqués de ce jargon mystique, de ces coups de baguette et de ces prestiges assez semblables à ceux que, durant tant d'années, l'Académie de musique* OPÉRA, *considéreront ensuite que le chancelier* Bacon, *écrivant sous les yeux d'un roi théologien et d'un clergé dominant,... est à chaque instant obligé d'entrelacer la religion avec la philosophie*, et de changer son flambeau en cierge (2).

(1) Nouvelle atlantide, tom. XI de la trad., p. 378.

(2) Ibid. note du trad., p. 378-379.

Ceux de mes lecteurs qui, à la première vue, seraient choqués de ce jargon philosophique et tentés de croire que le traducteur prête ici ses propres idées à son auteur, n'ont pour rendre justice à la bonne foi du premier qu'à entendre Bacon lui-même nous disant en son propre nom, *qu'il faut toujours tenir pour suspects tous ces faits merveilleux qui ont des relations quelconques avec la religion* (1).

C'est encore un passage assez curieux que celui où Bacon ramasse toutes les forces de son hypocrite habileté pour nous dire tout doucement que, *pour être bon chrétien, il convient d'être un peu fou*. C'est de l'*encens* dont il se sert pour arriver à son but en tournant.

L'*encens*, dit-il, *qu'on fait fumer durant le service divin, et tous les parfums de même na-*

(1) *Maximè autem habenda sunt pro suspectis quæ pendent* quomodocumque *à religione.* (Nov. Org. lib. II, n° XXIX p. 131.) L'habile histrion ajoute sur-le-champ, pour se mettre à couvert : *tels que ces prodiges que rapporte Tite-Live.* Sur quoi il faut lui dire, comme madame de Sévigné : *Beau masque, je te connais !* le *quomodocumque* est écrit.

ture dont on faisait usage autrefois dans les sacrifices (1), *ont une légère teinte de qualité vénéneuse qui*, en affaiblissant un peu le cerveau, *dispose ainsi les hommes au recueillement et à la dévotion: effets qu'ils peuvent produire en occasionnant dans les esprits* une sorte de tristesse et d'abattement, *et en partie aussi* en les échauffant et les exaltant. *On sait que chez les Juifs il était défendu de se servir, pour les usages communs, du principal parfum employé dans le sanctuaire* (2).

(1) Observez le parallèle et le nivellement des cultes; « *L'encens qu'on brûle* aujourd'hui *à la messe et celui dont* « *on faisait usage* autrefois dans les sacrifices (offerts à « Jéhovah ou à Moloch) *possède une légère qualité véné-* « *neuse, etc.* »

(2) Sylva Sylv. Cent. x, n° 930 de la trad., et 932 du texte. M. Lasalle fait dire ici à Bacon *qu'il était défendu chez les Juifs d'employer* dans le culte particulier *ce genre de parfum, etc.*; c'est une erreur. Bacon dit *pour les usages communs*, par exemple, pour parfumer un appartement, etc. *We see that among the Jews the principal parfume of the sanctuary was forbidden for all* common uses. (Ibid. Opp. tom. II, p. 54.)

L'évêque Newton, commentateur de Milton, a une idée

Il serait difficile de porter plus loin l'art de l'entortillage et les précautions d'une prudente *euphémie;* cependant rien n'est plus clair pour tout lecteur qui a du tact et de la conscience.

La haine de Bacon contre le sacerdoce fournit encore contre lui le moins équivoque des indices. Le passage suivant est surtout remarquable : *Les vrais athées sont les hypocrites qui manient sans cesse les choses saintes, et qui, n'ayant aucun sentiment de religion, les méprisent au fond du cœur* (1).

Le traducteur dit fort bien, à propos de ce

bien différente de celle de Bacon ; il pense, *d'après de très-bons protestants*, à ce qu'il assure, *qu'il eût été bon de conserver dans l'église anglicane une certaine* vapeur d'encens (something of it) *pour la douceur et la salubrité de l'air ;* ce qui n'a rien de commun assurément avec l'*exaltation et la folie.* Il s'appuie sur Milton, qui lui-même s'appuyait sur la claire Apocalypse (Apoc. VIII, 3, 4, Milton, Parad. lost., VII, 599-600, and Bishop. Newton, ad loc.) Voilà comment tout est douteux !

(1) Essai de Morale et de Politique, n° XVI° (*de l'athéisme*) tom. XII de la trad. p. 170-171.

texte : *Je prie le lecteur de fixer son attention sur les deux phrases précédentes, de chercher contre quelle sorte de gens elles sont dirigées, et d'envoyer la lettre à son adresse* (1).

Ailleurs il répète la même invitation, et il prie son lecteur de juger par lui-même, après avoir lu la phrase qu'il indique (2), *de cette dévotion que M. de Luc et quelques autres* papistes *attribuent au chancelier Bacon* (3).

Je terminerai par ce que Bacon a dit de la

(1) Ibid. p. 171, note.

(2(Il s'agit de ce passage scandaleux où Bacon se plaint de l'ignorance qui a inventé *des vies*, *des âmes et autres choses semblables*, comme si tout ne pouvait pas s'expliquer commodément par la matière et par la forme. (*V* Parmen., Teles., etc. Philosoph. Opp. tome IX, pag. 324.)

(3) Il est assez plaisant que, parmi tant d'injures que M. Lasalle pouvait adresser à M. de Luc, il ait choisi celle de *papiste* qui fait dresser les cheveux : avis important à tous ceux qui se mêlent de défendre le Christianisme sans être *papistes!* les incrédules les traitent de *papistes*, et les papistes les traitent d'*incrédules*. Puisqu'ils sont sûrs d'exciter si peu de reconnaissance, en vérité ils feraient mieux de garder le silence.

mort : c'est un texte qu'on ne saurait trop méditer. *Les hommes*, dit-il, *craignent la mort comme les enfants craignent les ténèbres; et, ce qui renforce l'analogie, les terreurs de la première espèce sont aussi augmentées dans les hommes faits par ces contes effrayants dont on les berce* (1).

Sur cela le traducteur dit encore très-bien : *De quelle nature sont-ils ces contes* dont on bèrce les hommes faits ? *Il me semble que ce sont* des contes religieux; *et s'ils augmentent la crainte de la mort, c'est qu'ils font craindre quelque chose au-delà* (2).

Tout le monde sans doute sera du même

(1) M. Lasalle ajoute : *Voilà une de ces propositions qui m'ont fait avancer que le chancelier* Bacon *était beaucoup* moins dévot *qu'il ne le paraît à certaines gens qui ne le sont pas plus que lui, et qui ont les mêmes raisons pour le paraître quelquefois.* (Essais de Mor. et de Pol. nº XI; *de la Mort*, tom. XII de la trad., p. 9 et 10.

Je ne suis pas chargé, pour me servir des expressions du traducteur, *de remettre cette lettre à son adresse.*

(2) Ibid. p. 9 et 10, texte et note.

avis; et si l'on joint le chapitre que j'écris ici à tous ceux de la seconde partie de cet ouvrage où j'expose au grand jour les théories les plus mystérieuses de Bacon, il deviendra difficile de nier la perversité de sa doctrine.

Il reste cependant un grand problème à examiner, celui de savoir comment il est possible que des écrits où l'on trouve de si nombreuses et de si tristes preuves, je ne dis pas seulement d'une incrédulité antichrétienne, mais d'une impiété fondamentale et d'un véritable matérialisme, présentent en même temps assez de traits religieux pour avoir fourni à l'estimable abbé *Emery*, le sujet de son livre intéressant intitulé : *Christianisme de Bacon* (1)?

(1) C'est à ce même abbé Emery que nous devons *les Pensées de Leibnitz sur la religion et la morale*, ouvrage du plus grand mérite, véritable présent fait à une foule d'hommes qui n'ont ni le temps ni les moyens de rechercher ces profondes pensées dans les œuvres volumineuses de ce Leibnitz, le plus grand des hommes, peut-être, dans l'ordre des

La première idée qui se présente à l'esprit, c'est celle de l'hypocrisie. Bacon pouvait fort bien être hypocrite comme il était flatteur, vénal, machiavéliste, etc, et véritablement il est naturel de croire qu'il ait écrit plusieurs choses dans le bon genre, uniquement pour se mettre à couvert. Il y a d'ailleurs dans tout ce que sa plume a produit de mauvais un tel art, une telle finesse et des précautions si profondes pour cacher le venin, qu'il est encore très-difficile de se persuader que ces morceaux ne présentent pas les véritables sentiments de Bacon.

Cependant, comme l'hypocrisie proprement dite m'a toujours paru beaucoup plus rare qu'on ne l'imagine communément, et que je crois à ce vice hideux aussi peu qu'il m'est possible, je ne refuse point de mettre sur le compte des contradictions humaines

sciences, puisque jamais homme ne fit marcher de front un plus grand nombre de hautes connaissances et qui semblent même s'exclure mutuellement.

tout ce qu'elles peuvent expliquer. Tous les jours on dit : *c'est un hypocrite ;* mais pourquoi donc, quand il suffit de dire : *c'est un homme* ? Sénèque a fort bien dit : *Magna res est unum hominem agere*. En effet, il n'y a rien de si difficile *que de n'être qu'un*. Quel homme sensé n'a pas mille fois gémi sur les contradictions qu'il aperçoit dans lui-même ? Celui qui fait le mal par faiblesse, après avoir fait le bien sans ostentation, est coupable sans doute, mais nullement hypocrite.

Croyons donc, puisque la chose n'est pas impossible, que Bacon, en soutenant alternativement le vrai et le faux, a toujours ou souvent dit ce qu'il pensait. Il nous a laissé un opuscule infiniment suspect, intitulé : *Caractère d'un chrétien croyant, exprimé en paradoxes et en contradictions apparentes* (1). Nul

(1) *Te characters of a believing christian, in paradoxes and seeming contradictions.* (Opp. tom. II, p. 494 et sqq.)

L'auteur du *Christianisme de Bacon* avertit qu'en citant l'opuscule des *Caractères du chrétien, etc.*, « il n'a point « rapporté la partie des paradoxes et des contradictions ap-

ouvrage de ce malheureux écrivain ne m'a rendu sa religion plus suspecte, et je ne doute pas qu'il ne produise le même effet sur tout lecteur impartial qui le méditera dans sa conscience. Au nombre 24e de cette inconcevable pièce, Bacon dit : *Le chrétien est quelquefois si troublé, qu'il vient à penser que rien n'est vrai dans toute sa religion; et cependant, s'il a cette pensée, il n'en est point troublé* (1). Ce galimatias est l'image écrite de celui

« parentes qui tombent sur le dogme. » (Disc. Prélim. p. XLVI.) Mais avec cette méthode de suppressions on parviendrait, je crois, à christianiser le *Dictionnaire philosophique.*

(1) *He is sometimes so troubled that he thinks nothing to be true in religion; yet, if he did think so, he could not at all be troubled.* (Ibid. p. 498.) C'est-à-dire « *cette pensée le « trouble infiniment, cependant cette pensée ne le trouble « nullement.* » Ce passage fait tout à la fois rire et penser; Bacon s'y trouve tout entier : il ne sait ce qu'il veut, il ne sait ce qu'il croit, il ne sait ce qu'il sait; il est moins d'accord avec lui-même qu'avec les autres. Tel est le supplice infligé à la révolte de l'esprit. *Raisonner c'est chercher, et chercher toujours c'est n'être jamais content.* (S. Thomas.) La paix au contraire et la stabilité ne sont accordées qu'à la foi, *qui est la santé de l'âme.* (S. Augustin.) *Car le doute n'habite point la cité de Dieu.* (Huet.)

qui existait dans la tête de Bacon. Dépourvu de principes fixes sur tous les points, et n'ayant que des négations dans l'esprit, suspendu entre l'ancienne croyance et la nouvelle réforme, entre l'autorité et la révolte, entre Platon et Epicure, il finit par ne pas même savoir ce qu'il sait. Il est alternativement matérialiste, sceptique, chrétien, déiste, protestant, jésuite même, s'il y échoit, suivant qu'il est poussé par l'idée du moment. L'impression générale qui m'est restée, après avoir tout bien exactement balancé, c'est que, ne pouvant me fier à lui sur rien, je le méprise pour ce qu'il affirme autant que pour ce qu'il nie.

Je ne sais au reste si l'on a assez réfléchi que les contradictions de Bacon, en fait de religion, sont une suite nécessaire de la religion qu'il professait. Ce système repousse toute croyance fixe et commune. Le dogme y étant assujetti aux hommes, il est examiné, balancé, accepté, abdiqué, comme il plaît à l'homme; de sorte que tout protestant qui affirme ne parle que pour lui, pour le dogme qu'il affirme et pour le moment même où il parle, sans pouvoir jamais assurer ni que dans un instant il pensera de même, ni que son coreligionnaire ait la même foi sur le même dogme, ni que l'un ou l'autre soient également soumis sur d'autres points. Comment donc pourrait-on en attendre une fermeté de principes essentiellement impossible?

MM. de Luc et Lasalle, le premier interprète et le second traducteur de Bacon, nous ont fourni l'un et l'autre, chacun à sa manière, un exemple frappant de cette même contradiction que je fais remarquer dans le philosophe anglais.

Le premier s'est constamment et hautement présenté au monde comme l'un des plus zélés défenseurs de la révélation, *ce port*, *ce lieu de repos de toutes les contemplations humaines* (1). Il n'a cessé d'en appeler à Moïse, et même il a écrit des ouvrages considérables

(1) *Précis de la Philos. de Bacon*. tom. II, p. 288.

pour établir que la nature entière rend témoignage à la Genèse.

Il a fait plus : il a entrepris des conversions. Il a prêché le chimiste français Fourcroi ; il a prêché MM. *Teller*, *Reimarus*, *Lasalle*, *etc*. Il s'est fâché très-sérieusement contre les *exégèses* germaniques, *contre ces prétendus chrétiens de nos jours qui, par* exégèse *ou interprétation de l'Ecriture sainte, en font disparaître non-seulement* les esprits, *mais toute* inspiration, *l'histoire qu'elle renferme et qu'ils interprètent à leur gré, cessant ainsi de faire pour eux partie de la religion*. (1).

Rien assurément n'est plus orthodoxe : néanmoins écoutons ce grand prédicateur de la révélation, et nous l'entendrons avertir les hommes *de ne pas se laisser séduire par ce que nous observons d'ordre dans l'univers; que la métaphysique est fondée sur la physique*, *et que nous sommes condamnés à demeurer muets devant l'athée jusqu'à ce que, par l'étude des*

(1) Ibid., tom. I, p. 189-190.

causes physiques et par la méthode d'exclusion, nous ayons prouvé que le principe du mouvement doit être cherché hors de l'univers.

Il nous dira bien *que le monde, tel que nous le voyons, n'a été formé, façonné et rendu habitable pour nous que par des opérations chimiques et lentement successives, à travers des siècles innombrables; qu'au commencement il n'y avait ni choux, ni raves, ni chiens, ni chats, etc., attendu que les animaux et les plantes périssaient avec les couches et les atmosphères analogues, et qu'il en naissait d'autres avec un nouvel état de choses; que le déluge raconté dans la Genèse peut et doit être expliqué par des causes purement mécaniques; que la terre d'autrefois étant supportée sur des eaux intérieures par des piliers solides, et ces piliers formés par des opérations chimiques s'étant brisés par la même action, la terre tomba dans l'eau, et que c'est là ce qu'on appelle le* Déluge, *puisqu'on peut prouver, toujours par des arguments physiques, que la* catastrophe chimique *et le déluge mosaïque ne sont que la même aventure; que les montagnes d'aujourd'hui sont les îles d'autrefois, sans qu'on doive s'em-*

barrasser de la petite circonstance des eaux qui surpassaient les plus hautes montagnes, *d'autant que les Hébreux, qui n'avaient aucune connaissance de la rondeur de la terre, ne pouvaient avoir l'idée d'un déluge universel; que l'existence de l'homme est une pure chance qui pouvait être exclue par une chance contraire, puisque les différentes couches terrestres n'étant que le produit successif des précipitations opérées dans un immense fluide* qui tenait le monde en dissolution, *si la dernière couche s'était trouvée calcaire ou granitique au lieu d'être végétale, il n'y avait plus de place sur notre globe pour un seul épi, ni par conséquent pour un seul homme;* que l'Arche *fameuse ne doit pas nous occuper beaucoup, puisqu'il n'est rien moins que sûr qu'à l'époque de la* catastrophe *il y eût des hommes sur la terre, etc., etc.;* ce qui est tout à fait *mosaïque*, comme on le voit (1)!

(1) Tel est le résultat général et scrupuleusement rendu du *Précis de la Philosophie de Bacon*, 2 vol. in-8°; des *Lettres sur l'Histoire physique de la terre à M. le professeur Blumenbach*. Paris, 1798, in-8°, etc.

Dirai-je néanmoins qu'un homme de ce mérite *veut* nous tromper, et qu'il exalte la révélation sans y croire? Dieu m'en préserve! Je dirai seulement qu'étant religieux il obéit en partie dans ses écrits à son excellent caractère, en partie aussi à cet esprit de secte qui en a bien trompé d'autres. Je dirai qu'avec toute sa raison, qui est aussi grande que sa probité et sa science, il ne laisse pas de renverser d'une main ce qu'il tâche d'établir de l'autre, et de prêter de plus le flanc au ridicule de la manière la plus saillante, en se permettant d'oublier qu'*un insurgent n'a pas le droit de prêcher l'obéissance sous prétexte qu'il est ou* moins *ou* autrement *révolté qu'un autre*.

En cherchant dans les écrits de M. de Luc, avec les égards dus à la vérité et à lui, l'explication des contradictions qui se trouvent dans les ouvrages de Bacon, je n'entends nullement comparer ces deux écrivains. Le premier, si recommandable par ses vastes connaissances, par les services importants qu'il a rendus aux sciences naturelles, par son caractère enfin et ses excellentes intentions, ne saurait être comparé au second, discoureur nul et emphatique, d'une morale plus qu'équivoque, et qui s'est trompé sur tout.

M. Lasalle est encore une autre preuve bien frappante (quoique d'un ordre tout à fait différent) des contradictions qui se trouvent dans l'esprit d'un homme tiraillé par des doctrines opposées. Il s'est donné une peine déplorable, il a employé beaucoup de talents et de connaissances pour traduire, pour commenter, pour exalter un auteur toujours inutile lorsqu'il n'est pas dangereux, et dont il ne peut s'empêcher de parler lui-même en cent endroits avec le plus grand mépris; mais à travers une foule de traits lancés dans cette traduction et contre la religion et contre le sacerdoce avec une aigreur et un mauvais ton qui s'approchent quelquefois de la brutalité, combien d'esprit, de raison et de solide instruction! combien de choses finement vues et finement exprimées! combien de maximes charmantes (1)!

(1) Comme celle-ci, par exemple : *Tout homme qui rit des*

combien même d'hommages rendus à tous les bons principes avec une certaine franchise, une certaine spontanéité qu'on sent bien mieux qu'on ne peut la définir, et qui porte chaque lecteur équitable à croire que tout ce qu'il y a de bon dans ce grand travail est de l'auteur, et que tout ce qui s'y rencontre de mauvais appartient au siècle ou à Bacon! ce qui revient au même.

C'est M. Lasalle, par exemple, j'en suis parfaitement sûr, qui a dit : « Le vrai Christia-
« nisme est la philosophie du cœur : il est
« tout compris dans ce seul mot, *aime!*.....
« S'il est vrai que tout l'essentiel du Chris-
« tianisme consiste dans l'amour de Dieu et
« du prochain, comme le prétend le *législa-*
« *teur* même qui apparemment y entendait
« quelque chose, et que l'homme ne puisse
« être heureux qu'en aimant ceux avec qui

défauts d'un autre est un borgne qui rit d'un boiteux. (Trad., tom. IX, p. 31.) Et cette autre encore : *Le guerrier méprise la mort, parce que la familiarité engendre le mépris*, etc. (Ibid. tom. X, p. 194.)

« il vit, le Christianisme est donc fondé sur « la nature de l'homme... Quelle différence, « ô lecteurs aussi sensibles que judicieux ! « de cette physique sèche, et toute tissue « de faits, au fond assez indifférents, ou de « bizarres formules, à cette autre physi- « que qui, en déployant à nos yeux le « vaste et magnifique spectacle de l'uni- « vers, y *met* ou plutôt y *laisse* un Dieu qui « donne à ce grand tout l'unité, l'âme et la « vie (1)! »

Si l'on veut s'égayer ou gémir sur la pauvre nature humaine (comme on voudra), il faut se rappeler que c'est le philosophe mécréant qui a écrit ce qu'on vient de lire, et que c'est, au contraire, le philosophe chrétien et l'avocat général de la Genèse qui a écrit ce qu'on va lire, outre ce qu'on a déjà lu, et dans ce même livre où il prêche l'autre.

(1) Textes tirés de la trad. de Bacon, et cités par M. de Luc. (*Précis de la Philos. de Bacon*, tom. II, p. 178-179-180-181.)

« La cause métaphysique raisonnable ne « s'occupe *de rien hors de la nature*, mais « elle recherche dans la nature ce qu'il y a « de plus *profond* et de plus *général*.... pour « s'élever jusqu'à la fabrique de l'univers.... « C'est une idée absurde que celle de pré« tendre que les hommes aient trouvé par la « *raison* l'existence d'un être *dont ils ne peu*« *vent se former aucune idée* (1). »

C'est ce que dit le *papiste* pour convertir celui qui a *contre sa seule expérience cent mille raisonnements pour ne pas croire en Dieu*. Si celui-ci n'a pas été touché, il a tort.

J'espère avoir rassemblé ce qu'on peut dire de plus probable et de plus impartial, d'après l'exemple et le raisonnement, sur la religion et les inconcevables contradictions de Bacon. J'avoue cependant que je penche beaucoup du côté qui lui fait le moins d'honneur. Il y a une manière bien simple de juger les hom-

(1) Sup., p. 15.

mes, c'est de voir par qui ils sont aimés et loués. Les *affinités* doivent toujours fixer l'œil de l'observateur ; elles ne sont pas moins importantes dans le monde moral que dans le physique.

La réputation de Bacon ne remonte véritablement qu'à l'Encyclopédie. Aucun fondateur des sciences ne l'a connu ou ne s'est appuyé sur lui. Voltaire, Diderot, d'Alembert le célébrèrent à l'envi, quoique ce dernier avoue que les ouvrages du philosophe anglais sont très-peu lus. Mallet, son ami, éditeur de Bolingbroke, ennemi furieux de la religion et des papes, n'a pas manqué de se mêler à ce concert moderne de louanges, dans la *Vie de Bacon* qu'il a donnée au public (1). Mais il n'y a rien de si précieux que

(1) *Tant d'éloges donnés à Bacon par les ennemis du Christianisme nous avaient presque rendu sa foi suspecte*, dit ingénument le digne abbé Émery ; *mais quelle a été notre surprise à la vue des sentiments de religion, de piété même, etc.!* Il ne fait pas attention qu'il suffit de parodier ce passage pour l'annuler : *Tant de traits favorables à la religion marqués par les amis du Christianisme dans les OEuvres de Bacon*

le panégyrique de Bacon que nous a donné Cabanis dans son cours du matérialisme intitulé : *Rapport du physique et du moral de l'homme.*

« Bacon, dit-il, vint tout à coup, au mi-
« lieu des ténèbres et des cris barbares de
« l'école, ouvrir de nouvelles routes à l'es-
« prit humain ;.... Hobbes fut conduit à la
« véritable origine de nos connaissances. Mais
« c'était Locke, SUCCESSEUR de Bacon,
« qui devait, pour la première fois, etc. Hel-
« vétius a résumé la doctrine de Locke.....
« Condillac l'a développée et étendue.......
« *Condillac* autem genuit *Lancelin* (1). Vient

nous avaient fait envisager sa foi comme démontrée ; quelle a été notre surprise à la vue des sentiments irrésolus, scandaleux même, etc. !

Ainsi le problème recommence.

(1) C'est ce Lancelin qui a dit qu'*il faudrait effacer du dictionnaire de toutes nos langues tous les mots qui désignent des fantômes* ,.... celui de Dieu surtout, *mot redoutable auquel on a fait signifier tout ce qu'on a voulu , premier fondement du monde imaginaire, etc. ;.... que, s'il faut des dieux et des saints à la canaille, on peut lui en donner tant qu'elle voudra, etc.;.... que l'existence de Dieu et l'immortalité de l'âme sont des erreurs sublimes qui peuvent être longtemps*

« ensuite Volney, *habitué aux analyses pro-*
« *fondes, etc.* (1). »

Il n'y a rien de si précieux que cette généalogie. On y voit que Locke est *successeur* de Bacon (ce qui est incontestable); on y voit que Locke, à son tour, engendra Helvétius, et que tous ces ennemis du genre humain réunis, y compris Cabanis lui-même, descendent de Bacon.

En grouppant ainsi un grand nombre d'auteurs, je n'entends point les confondre parfaitement. On a dit mille biens d'Helvétius et de Locke : j'y souscris de tout mon cœur; mais je ne parle que des livres et des doctrines, et ce sera toujours une flétrissure ineffaçable pour

encore utiles aux hommes, jusqu'à ce qu'ils soient assez perfectionnés pour se contenter du culte de la vérité, etc. (Introd. à l'*Analyse des sciences*, par M. Lancelin, Paris, 1801, in-8°, tom. I, sect. II, chap. IV, p. 321, et tom. II, IVe. sect. chap. VI, p. 233.) Il n'en faut pas davantage, je pense, pour montrer quelle sorte d'hommes se classaient ensemble dans la tête d'un homme tel que Cabanis. Je ne cesserai d'en appeler aux affinités.

(1) Ibid.

Bacon, comme pour Locke, qu'il n'y ait pas un athée, pas un matérialiste, pas un ennemi du Christianisme, dans notre siècle si fertile en hommes de cette espèce, qui n'ait fait profession d'être leur disciple, et qui ne les ait vantés comme les premiers libérateurs du genre humain.

CHAPITRE IX.

BACON JUGÉ PAR SON TRADUCTEUR.

CONCLUSION.

J'ai l'esprit de mon siècle, et j'ai publié cette traduction. C'est ce que pourrait dire M. Lasalle, et ce mot expliquerait son entreprise. Il s'est attaché à Bacon, parce qu'il y trouvait toutes les erreurs de notre siècle, et parce qu'il avait besoin de la renommée de ce philosophe pour faire lire quinze volumes assommants, que pas un Français n'aurait achetés s'ils n'avaient été recommandés par le prestige du nom.

Cependant le traducteur, auquel je me suis empressé de rendre toute la justice qu'il mérite, avait trop de connaissances et trop de justesse dans l'esprit pour n'être pas révolté, à chaque instant, des absurdités qu'il s'était condamné à faire passer dans notre langue. Il perd donc patience assez souvent, et sans prévoir peut-être qu'un jour on rapprocherait ces différents passages et qu'on les compterait. Les exclamations qui lui échappent sont tout à fait divertissantes, et décèlent parfaitement le jugement qu'il portait de son auteur dans le fond de sa conscience. *Tum veræ voces!* Les éloges étudiés ne prouvent rien.

Quelle physique! Quelle astronomie! Sublime découverte! (A propos d'une niaiserie.) *Autre sottise! que de rêves! Quel triple et quadruple galimatias! Triple galimatias dont j'ai bien de la peine à tirer quelques lignes raisonnables! Il n'est pas supportable! Voici encore le poëte et le rhéteur, au lieu du physicien, etc., etc.* (1).

(1) Tom. VII de la trad. Sylva Sylv., n° 390. Tom. VIII,

Ces jugements rapides et spontanés, arrachés par la force de la vérité, sont décisifs contre Bacon; car jamais ils n'ont pu tomber justement que sur un homme médiocre. L'estimable traducteur se trompe étrangement, sans s'en apercevoir, lorsqu'il nous dit : *Tout ce morceau est pitoyable; que de génie pour tourner autour d'une sottise.* (1)! Jamais le génie ne tourne *autour d'une sottise*. Les grands hommes se trompent en grands hommes, et ne sont quelquefois pas moins reconnaissables dans leurs erreurs que dans leurs découvertes. On ne trouve point chez eux ce qu'on appelle *une sottise*, moins encore une *forêt de sottises*, et moins encore une *forêt de forêts*.

Ailleurs cependant M. Lasalle ne s'en tient

n° 362. Ibid. tom. XI, *Histoire des vents*, p. 309. Tom. VII, p. 61, note. Tom. XI, Nov. Atl., p. 423. Tom. VII, Sylva Sylv. n° 201, 228, 258, 259. Tom. IX, Sylva Sylv. n° 791. Tom. VII, Ibid. n° 120, 103. Tom. V, Nov. Org. lib. II, chap. IV, p. 201. Tom. VIII, Sylva Sylv. n° 800.

(1) Tom. VII, Sylva Sylv. n° 120, p. 290.

pas à des exclamations. Il ne refuse point de reconnaître, par exemple, que sur les points les plus importants, et qu'il a le plus étudiés, Bacon se contredit positivement et ne sait plus ce qu'il dit. On peut citer la chaleur, sujet que Bacon nous a donné pour un exemple de sa méthode, et qui fait une si grande figure dans son principal ouvrage (1). On se rappelle qu'après un immense et fastueux étalage d'*exclusions* pour établir *que la chaleur n'est qu'un mouvement*, tout le monde, excepté lui, ayant droit d'oublier tout ce qu'il a dit, il l'oublie cependant, et nous dit ensuite, dans le même livre du même ouvrage, que *la chaleur agit, qu'elle pénètre les corps, etc.*; en un mot, il en fait une substance matérielle, distincte et séparée (2); ce qui ne doit nullement surprendre de la part d'un homme en qui on ne reconnaît pas une idée juste sur la physique, et qui n'a jamais montré, dans le

(1) Nov. Org. lib. II, n° XVIII et sqq.

(2) *Histoire des Vents*, tom. XI de la trad., n° 9, p. 129

vaste cercle des sciences naturelles, qu'une imagination qui rêve ou un orgueil aveugle qui contredit, sans distinction, toutes les pensées d'autrui.

J'ai cité, dans le cours de cet ouvrage, une foule de plaisanteries échappées à l'habile traducteur à mesure qu'il rencontrait sur sa route de nouvelles extravagances. Parmi ces plaisanteries il en est d'exquises. Bacon, par exemple, ayant avancé l'incroyable proposition qu'*en Europe les nuits sont le temps où la chaleur se fait le plus sentir*, le traducteur nous dit le plus gravement du monde dans une note : *J'ai observé le contraire en France, en Italie, en Allemagne, en Pologne, en Russie,* JE N'AI PAS ÉTÉ AILLEURS.

Le système qui a présidé à cette traduction est ce qu'on peut imaginer de plus curieux. *Elle est*, dit le traducteur, *d'autant plus* fidèle *que nous avons eu l'attention d'y faire tous les contre-sens nécessaires. Lorsque l'auteur, après avoir posé un principe, en tire une conséquence directement opposée, nous supposons une faute de copiste,.... et nous le forçons d'être conséquent* (1). *Par la même raison, lorsqu'il se contente de simples lueurs et d'à peu près, j'intercale quelques mots afin de rapprocher un peu plus ce qu'il dit de ce qu'il veut dire et de la vérité* (2)..... *Comme il a* presque toujours *écrit avant d'avoir achevé sa pensée, je suis obligé de l'achever moi-même.... Quand l'auteur n'a pas eu le temps ou la patience de méditer suffisamment son sujet..... l'interprète, pour le rendre intelligible, doit traduire plutôt ce qu'il a voulu dire que ce qu'il a dit* (3).... *Et malgré toutes ces précautions, lorsqu'on s'est fatigué pour l'expliquer, il pourrait bien se faire que le lecteur ne l'entendît pas mieux que le traducteur ne l'entend et que* Bacon ne s'entend lui-même (4). *Au surplus, tout lecteur qui ne l'a pas compris peut s'excuser à ses propres yeux, en se disant qu'il n'est*

(1) Préf. du tom. x^e, p. xxv.

(2) Sylva Sylv. tom. viii, n° 704, p. 6, note.

(3) Sagesse des anciens, tom. xv, art. xii. *Memnon.*, p. 175-176; note.

(4) Nov. Org. liv. II, ch. 2, tom. vi, p. 56, note.

pas obligé d'entendre des écrivains qui ne s'entendaient pas eux-mêmes (1).

Avec cette admirable méthode de supprimer, d'ajouter et d'intercaler, on pourrait fort bien changer *Jeanne d'Arc* en livre ascétique.

Il faut observer, au reste, au sujet de tous ces changements, que le traducteur ne s'y résout que lorsqu'il trouve sur sa route une absurdité du premier ordre. Lorsque Bacon, par exemple, dit *que le vent, gêné entre les ailes d'un moulin de son nom, perd patience* et les pousse du coude *en quelque manière pour se débarrasser, ce qui les oblige de tourner* (2), le traducteur perd tout à fait pa-

(1) Philos. de Parmén., de Teles., etc., tom. XV, préf. p. 387, note.

(2) *Eam compressionem* non benè tolerat *ventus : itaque necesse est ut* tanquam cubito *percutiat latera velorum*, *etc.* (Hist. vent. Opp. tom. VIII, *de Motu ventorum*, *etc.*, p. 321.)

Ce mouvement des moulins à vent, ajoute naïvement Bacon, *ne présente rien de bien difficile; néanmoins on ne l'explique*

tience, comme le vent, et *pousse du coude* un chapitre entier, en déclarant qu'il ne saurait prendre sur lui de traduire de telles inepties (1).

Et lorsque Bacon suppose que cette espèce de voûte ou de *coupole bleue* qui est comme posée sur notre horizon, dans un temps serein, est quelque chose de solide, et que, pour rendre raison des étoiles nébuleuses, il suppose de plus que cette coupole est criblée de trous (par vétusté probablement) comme la passoire d'un cuisinier, le traducteur refuse encore de traduire et saute même à pieds joints le traité entier d'où ce beau passage est tiré (2).

Mais toutes les fois qu'il ne s'agit que d'une

pas bien communément; c'est-à-dire, *on ne l'explique pas comme moi.* — Il a raison.

(1) Tom. XI de le trad. *Hist. des Vents.* Ibid., p. 208, note.

(2) *Nebulosæ illæ stellæ sive* foramina, (Descript. globi intellect. cap. VII. Opp. tom. IX, p. 234. Supplément à la traduct. du XVe vol., p. 384, note.) — Pourquoi M. Lasalle dit-il ici *un trou*, au lieu de dire *des trous* (foramina)? *Un*

sottise ordinaire, le traducteur est *fidèle*, au pied de la lettre. Qu'on imagine donc ce que c'est qu'un auteur qui a besoin *presque toujours*, pour sortir du cercle étroit de son latin et se présenter dans le grand monde, d'avoir de telles obligations au plus obligeant des traducteurs, et qui demeure encore, après toutes ces opérations, assez ridicule pour nous faire pâmer de rire à chaque page!

M. Lasalle n'a pas dédaigné de se nommer *le laquais de Bacon:* tant d'humilité mériterait notre admiration, s'il ne nous priait pas sur-le-champ *de ne pas attribuer au laquais les sottises du maître* (1), ce qui gâte un peu la modestie de l'un et la gloire de l'autre.

Le mépris de M. Lasalle pour son auteur

trou n'explique rien; mais si une fois on admet une coupole vermoulue, on comprend que la lumière de l'empyrée, en se filtrant, pour ainsi dire, par ces petits trous, produit une espèce de blancheur vague que nous avons nommée *étoiles nébuleuses*. Cette explication saute aux yeux.

(1) Nov. Org. liv. II., chap. 2, tom. VII, p. 24 de la trad.— C'est à propos de l'eau qui REGIMBE pour ne pas se glacer, à ce que dit Bacon.

a beau se voiler sous mille louanges forcées, il perce à chaque ligne et n'en devient que plus frappant par les efforts qu'il fait pour se cacher. La conscience parle chez lui en dépit du préjugé. A propos d'un galimatias sur la lumière, débité avec une ignorance sans égale, le traducteur nous dira fort bien : *Je n'ai pas besoin d'avertir le lecteur que j'ai été obligé de refondre tout le texte des deux pages précédentes qui n'étaient pas supportables* (1).

Ailleurs il généralise un peu ses jugements, et son mépris, de temps en temps aiguisé par l'ironie, est tout à fait divertissant. *Quand notre auteur*, dit-il (*l'écrivain le plus* hardi (2) *qui ait jamais existé*) *un peu trop amoureux de ses barbarismes*, *nous aurait épargné ce jargon composé de mots sans idées et de signes insignifiants*, *en serait-il moins estimable* (3)?

(1) Tom. VIII de la trad. Sylva Sylv. Cent. VIII, n° 761, p. 95, note.

(2) Le mot de *hardi* est bien poli dans cet endroit, il faut l'avouer.

(3) Tom. X, *Hist. de la Vie et de la Mort*, p. 216, note.

A quoi bon tout ce jargon, tout ce charlatanisme, et pour se tromper à la fin..... (1)? Les grands hommes n'ont pas toujours le bonheur de s'entendre eux-mêmes. J'ai levé plus de deux mille équivoques dans cet ouvrage; mais j'avoue que je n'ai pas l'art de composer une phrase claire et raisonnable, en traduisant fidèlement une sottise entrelacée avec une double équivoque (2). Si les philosophes critiqués par Bacon balbutient, Bacon radote et refuse aux autres l'indulgence dont il aurait si grand besoin pour lui-même (3).

Quoique ces différents traits, épars dans tout l'ouvrage du traducteur et réunis comme dans un foyer, nous éclairent suffisamment sur ses véritables sentiments, je crois néanmoins qu'on sera bien aise de connaître le jugement du traducteur non plus conclu, mais directement exprimé et ne laissant plus

(1) Tom. XI, *Hist. des Vents*, p. 35.

(2) Tom. IX de la trad. Sylva Sylv. Cent. X, n° 951, p. 499.

(3) Tom. XI, *Histoire des Vents*, p. 156.

le moindre doute sur la fausseté sentie de ces éloges fastueux, hommage accordé au fanatisme du siècle qui impose certains égards, que je serais tenté d'appeler *devoirs de complicité.*

Notre auteur, dit-il, *a une infinité de vues grandes et utiles* (1)*; mais plus je le traduis, plus je m'aperçois qu'il lui manque ce que j'appelle la faculté mécanique ; c'est-à-dire celle d'imaginer nettement les formes, les situations et les mouvements* (2). *Il manque souvent le*

(1) C'est toujours le même sophisme. *Des vues générales et des erreurs particulières pressées et accumulées dans quatre volumes in-folio.* Quel est l'homme assez nul pour ne pas imaginer *des choses grandes et utiles*? quel homme, quelle femme, quel enfant ne sait pas dire : *Si je pouvais faire de l'or! allonger la vie de l'homme! guérir les maladies réputées incurables! voir ce qui se passe dans la lune! entendre ce qu'on y dit, etc., etc.* L'homme qui a réellement *des vues grandes et utiles* est celui qui conçoit des choses possibles, surtout des choses auxquelles personne n'avait pensé, et qui indique les moyens d'y parvenir. Quant à celui qui rêve également et sur le but et sur les moyens, on ne lui doit que des risées.

(2) Quel amphigouri! au lieu de dire simplement : *il lui manque la faculté de raisonner juste!*

grand but, même lorsqu'il peut l'atteindre (1), *son esprit ayant plus de pénétration que d'étendue* (2) *et plus de fécondité que de force et de justesse : sinon par rapport* au but, *du moins par rapport* aux moyens (3); *deux choses lui ont manqué, la géométrie et le temps* (4).

Mais il est impossible d'imaginer rien d'aussi

(1) Aveu remarquable. *Si le but est élevé, il le manque parce qu'il ne peut l'atteindre; s'il est à sa portée, il le manque encore parce que ses yeux le trompent.*

(2) Le mien n'a ni assez de *pénétration* ni assez d'*étendue* pour comprendre ce que signifie cette opposition, et comment la *pénétration* et l'*étendue* étant susceptibles de plus et de moins, l'une peut être préférée à l'autre d'une manière absolue et sans égard au *plus* et au *moins*.

(3) Voilà toujours l'importance du *but* citée pour masquer la nullité des *moyens*. Il n'y a pas de navigateur dans les siècles passés, qui n'ait dit : *Je voudrais bien savoir où je suis*. Mais ce n'est pas le tout de dire : *Il faudrait résoudre le problème des longitudes;* la gloire est à celui qui l'a résolu en effet. Quant à celui qui, en prêchant le *desideratum*, n'a indiqué que de fausses méthodes propres à retarder la découverte si on les avait suivies, ses amis feraient fort bien de ne pas parler de lui.

(4) C'est-à-dire l'intelligence et la réflexion ; pas davantage (*Histoire des Vents*, tom. XI, nº 13. *Du Mouvement des Vents*, p. 167. — Préf. du tom. IX, p. XXII.)

curieux que le passage où l'adroit traducteur, entièrement vaincu par sa conscience, abandonne solennellement Bacon comme raisonneur, et se met à le louer à perte de vue, en qualité de poëte.

Le grand homme que nous interprétons, dit-il, *n'était pas* géomètre; on le sent à chaque pas, *en le voyant* à chaque pas *se contenter de simples lueurs ou d'à peu près;* MAIS IL EST QUELQUE CHOSE DE PLUS. « Il est plein « d'âme et de vie; il anime tout ce qu'il tou- « che; il ne sait pas toiser la nature, mais il « sait la sentir (1); il sait en jouir et com- « muniquer ses jouissances; son style a la « douceur et l'aménité qui naît du sujet (2). » Je ne crois pas qu'on ait jamais fait d'aucun écrivain de la classe de Bacon une critique à la fois plus bouffonne et plus sanglante.

(1) Comme Théocrite et Virgile, comme Gaspard Poussin et Ruysdale.

(2) Sylva Sylv. cent. VIe, n° 503, tom. VIII de la trad. p. 287, note.

Il faut bien remarquer que, par ce mot *géométrie*, le traducteur n'entend *que la justesse d'esprit* et non la géométrie proprement dite ; la tournure de sa phrase ne laisse point le moindre doute sur ce point. Au reste, il a pris la peine de s'expliquer lui-même en répétant ailleurs que ces deux choses ont manqué à Bacon, l'*esprit géométrique et le temps* (1).

Ainsi il y a pour un philosophe **QUELQUE CHOSE DE PLUS** que la droite raison et le travail : c'est l'*art de jouir de la nature et de la peindre*. Sous ce point de vue Bacon est incontestablement supérieur à Platon, à Malebranche, à Descartes et à Newton ; mais je lui préfère Chaulieu.

On pourrait encore faire subir un dernier examen à Bacon, qui ne serait peut-être pas le moins intéressant : ce serait de l'observer dans les moments infiniments rares où il s'approche de la vérité. On trouve constamment

(1) Ibid. tom. VIII, n° 704, p. 6, note.

qu'il la tient d'autrui et qu'il la gâte en se l'appropriant, ou qu'il ne sait pas la mettre à sa place.

Prenons pour exemple l'attraction, dont on a tenté de le faire envisager comme l'auteur. Voltaire a dit très-légèrement, comme il a dit tant de choses, *qu'on voit dans le livre de Bacon* (quel livre?) *en termes exprès cette attraction dont Newton passe pour l'inventeur* (1). D'autres après lui ont répété la même assertion avec aussi peu de connaissance de cause. Il est devenu inutile de réfuter en détail Voltaire sur ce point depuis que M. de Luc a confessé, en propres termes, que *Bacon n'avait pas* la moindre idée *du système newtonien*.

M. Lasalle est moins tranchant et plus impartial. A propos du passage où Bacon suppose que la lune est un aimant par rapport à l'Océan, et la terre même un autre aimant

(1) Voltaire. *Mél. de phil. et de littér.* Genève, 1771, in-4°, tom. II, cité par M. l'abbé Emery, Christ. de Bacon, Disc. prélim., p. XXIV.

par rapport aux graves (1), il dit avec beaucoup de mesure : *Ce passage ne serait-il pas la pomme de Newton* (2)?

Si Newton a lu ce passage (ce qui n'est pas probable et ne saurait être prouvé) Bacon aurait, à cet égard, précisément le mérite de la pomme que Newton vit tomber ou de la lampe fameuse dont les oscillations attirèrent l'attention de Galilée (3) sur l'isochronisme des pendules. Du reste, au moment où Bacon écrivait ces lignes, Képler avait fort avancé la théorie de la gravitation, et Gilbert, avec sa théorie du *magnétisme universel*, avait répandu à côté de Bacon des idées dont ce dernier profite ici mot à mot; car jamais on ne prouvera

(1) *Magnete remoto statim ferrum decidit. Luna autem à mari non potest removeri; nec terra à ponderoso dum cadit: itaque de illis nullum potest fieri experimentum; sed ratio eadem est.* (Nov. Org. lib. II, n° 48.)

(2) Tom. VI de la trad., p. 167.

(3) On a conté diversement cette anecdote : il suffit de remarquer ici que l'observation se rapportait à l'isochronisme des oscillations.

qu'une seule idée saine lui appartient en propre, du moins dans l'ordre des sciences naturelles.

Mais ce qu'il est important d'observer, c'est que Bacon, en admettant une force magnétique ou attractionnaire quelconque, rejette expressément l'idée fondamentale du système newtonien, qui repose tout entier sur le principe d'une attraction universelle et mutuelle de toutes les parties de la matière. *Gilbert*, dit-il, *a dit de bonnes choses sur les forces magnétiques ; mais à force de les généraliser, il est devenu lui-même un aimant*, *en voulant fabriquer* UN VAISSEAU AVEC UNE CHEVILLE (1).

Ainsi il est bien démontré qu'on ne doit rien à Bacon sur ce point essentiel, d'abord parce qu'il ne nous présente que l'idée d'au-

(1) *Vires magneticas non inscitè introduxit Gilbertus ; sed et ipse factus Magnes, nimio scilicet plura quàm oportet ad illas trahens, et* NAVEM ÆDIFICANS EX SCALMO. (Hist. gravis et levis. — Il a trouvé une image et même un proverbe : c'est tout ce qu'il lui faut.

trui, et, en second lieu, parce qu'ennemi de la vérité par nature et par instinct, si un autre la lui présente pour ainsi dire *toute faite*, elle se corrompt dans sa main et s'évanouit subitement.

Voltaire avec l'inexactitude que je viens de relever et dont il semble faire profession, avance (*loc. cit.*) *que, dans toutes les expériences physiques faites depuis Bacon, il n'y en a presque pas une qui ne soit indiquée* dans son livre.

Encore une fois, *quel livre?* On voit ici une nouvelle preuve que Voltaire, ainsi que la plupart des panégyristes de Bacon, ne l'avait pas lu; car, dans la supposition contraire, rien ne l'aurait empêché de nommer l'ouvrage *sur la Dignité et l'Accroissement des sciences*, ou *le Nouvel instrument*, ou l'*Histoire naturelle* (Sylva Sylvarum); mais comme il ne les avait pas lus, ou qu'il les avait ouverts et parcourus au hasard, sans la moindre attention, il dit en général *le livre*, pour se mettre à l'abri. Une fois qu'un préjugé quelconque ou une réunion de préjugés ont formé une certaine réputation philosophique, la foule raisonne d'après cette réputation et ne lit plus l'auteur. Bacon et Locke sont les deux exemples dans ce genre : *Beaucoup en ont parlé, mais bien peu les ont lus.*

On a vu, dans tout ce que j'ai dit sur les expériences, que Bacon les imaginait très-mal, qu'il les exécutait très-mal, et qu'il en concluait très-mal. Parmi les expériences connues et qui ont donné une nouvelle forme à la physique, je n'en vois pas une seule qu'on puisse attribuer à Bacon. Parmi celles d'un ordre moins important, je ne connais que celle de la vapeur enfermée dont il soit possible de lui faire honneur. Ce que nous appelons *marmite de Papin* pourrait être appelé : (*si quà est ea gloria*) *marmite de Bacon ;* mais il gâte encore cette idée par l'importance qu'il lui attribue ; il en parle comme d'un arcane qui devait produire une ère dans les sciences physiques. *Si vous pouvez parvenir*, dit-il, *à faire que l'eau ainsi renfermée change de couleur, d'odeur ou de goût, soyez sûr que vous avez opéré un grand œuvre dans la nature dont vous aurez tout à fait fouillé le sein, que vous mettrez enfin des menottes à ce Protée* (la matière), *et que vous la forcerez à se prêter aux plus étranges transmutations* (1)..... *L'intelligence humaine peut à peine concevoir les effets de cette expérience.... que nul mortel n'a encore imaginée* (2).

L'immortelle expérience a été faite enfin. Qu'a-t-elle produit ? — du bouillon. D'une manière ou d'une autre, Bacon se trompe toujours; et dans ce cas, par exemple, on voit que, même en proposant quelque chose de raisonnable, il parvient à être parfaitement ridicule.

Tout lecteur est maintenant en état d'apprécier les éloges qui ont été prodigués à

(1) Cette folie des transmutations est l'idée dominante chez Bacon; sous une forme ou sous l'autre elle revient toujours, et l'on peut dire qu'elle constitue réellement toute sa philosophie.

(2) *As will scarce fall under the conceit of man.* (Sylva sylv, or a natural History. cent. I, n° 99. Works, tom. I, p. 292.) *Simile experimentum sinus naturæ planè excutit.... tùm demum hunc materiæ Proteum veluti manicis tentum ad plures transformationes adacturum, etc.* (De Augm. Scient vol. 2, sub fine.)

Bacon et surtout à ses deux principaux ouvrages. Il a plu à d'Alembert de nous dire que *Bacon*, dans son ouvrage sur la Dignité et l'Avancement des sciences, *examine ce qu'on savait déjà sur chacun des objets de toutes les sciences naturelles, et qu'il fait le catalogue immense de ce qui reste à découvrir* (1).

Mais de bonne foi, comment celui qui ne sait rien peut-il faire le catalogue de ce qu'on sait et de ce qu'on ne sait pas? S'il y a quelque chose de démontré, c'est la profonde ignorance de Bacon sur tous les objets des sciences naturelles : c'est sur quoi il ne peut rester aucun doute dans l'esprit de tout homme de bon sens qui aura pris la peine de lire cet ouvrage. Absolument étranger à tout ce qu'avaient écrit sur ces sciences tous les grands hommes qui furent ou ses prédécesseurs ou ses contemporains, et n'étant pas même en état de comprendre leurs écrits, de quel droit

(1) D'Alembert, cité par l'abbé Emery. (Christ. de Bacon, disc. prél. p. XXX, XXXI.)

venait-il donner follement la carte d'un pays où il n'avait jamais voyagé? Et qu'aurait-il pensé lui-même d'un homme qui, sans être jurisconsulte, aurait publié un livre sur les avantages et les désavantages de la législation anglaise?

Le livre *de la Dignité et de l'Accroissement des sciences* est donc un ouvrage parfaitement nul et méprisable: 1° parce que l'auteur est tout à fait *incompétent*, pour parler de lui un peu plus justement qu'il n'a parlé du microscope (1); 2° parce que tous ses *desiderata* portent des signes manifestes d'une imagination malade et d'une tête altérée; 3° enfin parce que les moyens qu'il donne pour arriver à la vérité paraissent avoir été inventés pour produire l'effet contraire et nous égarer sans retour (2).

(1) Sup., p. 290-1, t. Ier.

(2) Que si l'on veut attribuer à cet ouvrage un mérite moral en le regardant comme une espèce d'*oraison parénétique*, destinée à réveiller le goût des sciences, je ne m'y oppose nullement, et je suis prêt à convenir qu'il a influé sur l'a-

Quant au *Novum Organum*, il est bien plus condamnable encore, puisque, indépendamment des erreurs particulières dont il fourmille, le but général de l'ouvrage le rend digne d'un *Bedlam*. C'est ici où la force des préjugés se montre dans tout son jour. Interrogez les panégyristes de Bacon; tous vous diront que *le Novum Organum est l'échafaud dont on s'est servi pour élever l'édifice des sciences; que Bacon y fait connaître la nécessité de la physique expérimentale, etc., etc.* (1).

Mais personne ne dira que le but général de ce bel ouvrage est de faire mépriser toutes les sciences, toutes les méthodes, toutes les expériences connues à cette époque et suivies déjà avec une ardeur infatigable, pour y substituer une théorie insensée, destinée, dans les folles conceptions de son auteur, à *don-*

vancement des sciences naturelles, autant qu'un sermon de Sherlock sur la moralité de l'Europe.

(1) Voltaire et d'Alembert. (*Ubi sup.*) Tous les autres panégyristes n'ont dit que les mêmes choses en d'autres termes.

ner des menottes à Protée, pour le forcer à prendre toutes les formes imaginables sous la main de son nouveau maître, c'est-à-dire en style vulgaire, *à découvrir les essences pour s'en emparer et les transmuer à volonté* : nouvelle alchimie également stupide et stérile que Bacon voulait substituer à celle qui pouvait au moins, par sa bonne foi, par sa piété et par les découvertes utiles dont elle avait fait présent aux hommes, se faire pardonner ses espérances trompées et même ses espérances trompeuses.

Tout est dit sur Bacon, et désormais sa réputation ne saurait plus en imposer qu'aux aveugles volontaires. Sa philosophie entière est une aberration continue. Il se trompe également dans l'objet et dans les moyens ; il n'a rien vu de ce qu'il avait la prétention de découvrir, et il n'a rien vu, non parce qu'il n'a pas regardé, non par suite de l'interposition des corps opaques, mais par le vice intrinsèque de l'œil, qui est tout à la fois faible, faux et distrait. Bacon se trompe sur la logique, sur la métaphysique, sur la physique, sur l'histoire naturelle, sur l'astronomie, sur les mathématiques, sur la chimie, sur la médecine, sur toutes les choses enfin dont il a osé parler dans la vaste étendue de la philosophie naturelle. Il se trompe, non point comme les autres hommes, mais d'une manière qui n'appartient qu'à lui, et qui part d'une certaine impuissance radicale telle qu'il n'a pas indiqué une seule route qui ne conduise à l'erreur, à commencer par l'expérience dont il a perverti le caractère et l'usage, de façon qu'il égare, lors même qu'il indique un but vrai ou un moyen légitime. Il se trompe dans les masses et les généralités en troublant l'ordre et la hiérarchie des sciences, en leur donnant des noms faux et des buts imaginaires; il se trompe dans les détails *en niant ce qui est*, *en expliquant ce qui n'est pas* (1), en couvrant ses pages d'expériences insignifiantes, d'observations enfantines, d'explications ridicules. Le nombre immense de ses vues et de ses tentatives est précisément ce qui l'accuse, en excluant toute louange

(1) Expression de J.-J. Rousseau, à la fin de la *Nouvelle Héloïse*.

de supposition, puisque Bacon, ayant parlé de tout, s'est trompé sur tout. Il se trompe, lorsqu'il affirme; il se trompe, lorsqu'il nie; il se trompe, lorsqu'il doute; il se trompe de toutes les manières dont il est possible de se tromper. Sa philosophie ressemble à sa religion, qui *proteste* continuellement : elle est entièrement négative et ne songe qu'à contredire. En se livrant sans mesure à ce penchant naturel, il finit par se contredire lui-même sans s'en apercevoir, et par insulter chez les autres ses traits les plus caractéristiques : ainsi il blâme sans relâche les abstractions, et il ne fait que des abstractions, en recourant toujours à ses axiomes moyens, généraux, généralissimes, et soutenant que les individus ne méritent pas l'attention d'un philosophe; il ne cesse d'invectiver contre la science des mots, et il ne fait que des mots; il bouleverse toutes les nomenclatures reçues, pour leur en substituer de nouvelles, ou baroques, ou poétiques, ou l'un et l'autre. Le néologisme est chez lui une véritable maladie, et toujours il croit avoir acquis une idée lorsqu'il a inventé un mot. Il regarde en pitié l'alchimie tout opérative de son temps, et toute sa physique n'est qu'une autre alchimie toute babillarde et tout à fait semblable aux enfants *qui parlent beaucoup et ne produisent rien*, comme il l'a très-bien et très-mal à propos dit des anciens Grecs.

La nature l'avait créé bel esprit, moraliste sensé et ingénieux, écrivain élégant, avec je ne sais quelle veine poétique qui lui fournit sans cesse une foule d'images extrêmement heureuses, de manière que ses écrits, comme fables, sont encore très-amusants. Tel est son mérite réel, qu'il faut bien se garder de méconnaître ; mais dès qu'on le sort du cercle assez rétréci de ses véritables talents, c'est l'esprit le plus faux, le plus détestable raisonneur, le plus terrible ennemi de la science qui ait jamais existé. Que si on veut louer en lui un amant passionné des sciences, j'y consens encore ; mais (comme je ne me repens point de l'avoir dit ailleurs) c'est l'*eunuque amoureux*.

Quant à son caractère moral, en faisant même abstraction du jugement fameux qui a laissé une si grande tache sur sa mémoire, son traducteur fournirait encore une foule de traits fâcheux à la charge de Bacon. Tantôt il nous le représente comme égaré *par une tête pleine de vils honneurs* (1); ailleurs il s'écrie sans façon, en parlant des leçons que donne Bacon sur la finesse : *Quelle scélératesse! notre auteur ne s'aperçoit pas.... que ces prétendus avertissements qu'il pense donner aux honnêtes gens sont autant de leçons qu'il donne aux fripons.... Pour donner de bonnes leçons de friponnerie, il faut être soi-même* UN MAITRE FRIPON (2)! On le trouvera, s'il est possible, encore plus dur lorsqu'il nous dit, dans l'histoire de Henri VII, à propos des réflexions de Bacon sur le meurtre juridique de Stanley : *Le lecteur voit dans ces réflexions toute la bassesse d'âme de l'auteur que je traduis.... Mais Jacques Ier était grand admirateur de Henri VII, et Bacon était le vil flatteur de Jacques Ier* (3).

(1) Nova Atlantis, tom. XI de la trad. p. 421.

(2) *Sermones fideles*, chap. XXII de la Finesse, tom. XII de la trad. p. 231, tom. X du texte, p. 62.

(3) Sur ces mots de la vie de Henri VII : *casus iste videtur*,

Lorsque Bacon adresse des conseils à l'homme qui veut être l'artisan de sa propre fortune, la conscience de son traducteur se trouble; *il a peur d'avoir broyé du poison* (1).

Et véritablement, lorsque le grand chancelier de l'Angleterre conseille à celui qui craint d'avoir offensé le prince *de rejeter adroitement la faute sur les autres*, le traducteur a bien raison de s'écrier : *Et si ces autres ne sont pas coupables, monsieur le chancecelier* (2)?

On l'a accusé sur d'autres points capitaux; mais je ne veux nullement contredire de front toutes les dénégations et toutes les atténuations mises en avant par le digne Emery dans sa vie de Bacon. Accordons tout ce qu'on voudra à la faiblesse humaine et à la

etc., tom. IX du texte, p. 473, tom. XII de la trad., p. 336-337, note.

(1) De Augm. Scient. tom. 1er de la trad., note, pages 99 et 101.

(2) Ibid. liv. VIII, c. II, tom. II de la trad., p. 267.

force des princes ou des circonstances. Je ne demande pas mieux que de voir quelques vertus de plus et quelques fautes de moins dans l'univers ; qu'on en pense donc ce qu'on voudra ; je me borne à demander comment il est possible qu'un tel homme ait usurpé une telle réputation dans l'ordre des sciences. Certes il n'existe pas de plus grande preuve de la puissance d'une nation et de l'extravagance d'une autre.

FIN.

TABLE.

FIN DE LA TABLE.

www.ingramcontent.com/pod-product-compliance
Ingram Content Group UK Ltd.
Pitfield, Milton Keynes, MK11 3LW, UK
UKHW020058200726
13856UKWH00002B/274

9 782013 404235